조리기능장이 전하는

한식 조리

메림원

우리가 매일 접하는 음식 중에 하나는 단연 한식이 빠질 수 없을 것입니다. 그러나 한식을 항상 조리하고 시식하면서도 한식 조리사 자격증을 준비하는 수험생들은 자격증 취득을 어렵게만 생각하는 것 같습니다.

이 책에서는 그런 수험생들의 고충을 덜고자 오랜 강의 경험이 있는 조리기능장 분들과 함께 수험생의 입장에서 쉽고 빠르게 전문 한식조리사로 다가가게끔 책의 내용과 구성에 심혈을 기울였습니다.

첫째, 이번에 새롭게 바뀐 출제 경향에 맞추어 책의 내용을 특별히 구성 하였습니다.

둘째, 이 책에서는 기능사 실기 시험문제와 함께 한식의 다양한 요리를 수록하여 한식조리 책으로써도 부족함이 없도록 하였습니다.

셋째, 수험생들의 고충이었던 무겁고 큰 책들의 불편을 덜 고자 시험장 공개문제를 부록으로 수록함으로써 언제 어디서든 쉽게 꺼내서 실제 실기시험에 대비할 수 있도록 하였습니다.

끝으로 피그말리온의 조각상에 대한 열정처럼 요리를 대하는 모든이가 항상 정성을 다해 혼을 담는 한식조리사가 되길 바라며, 아울러 이 책을 펴내면서 함께 했던 많은 수험생들과 도움을 주신 출판사 여러분께 감사의 마음을 전하고, 합격의 영광과 전문 한식조리사로 거듭나길 기원합니다.

저자 올림

위생상태 및 안전관리

1. 세부기준 안내

순번	구분	세부기준

1	위생복 상의	• 전체 흰색, 손목까지 오는 긴소매
		  – 조리과정에서 발생 가능한 안전사고(화상 등) 예방 및 식품위생 (체모 유입방지, 오염도 확인 등) 관리를 위한 기준 적용
		  – 조리과정에서 편의를 위해 소매를 접어 작업하는 것은 허용
		  – 부직포, 비닐 등 화재에 취약한 재질이 아닐 것, 팔토시는 긴팔로 불인정
		• 상의 여밈은 위생복에 부착된 것이어야 하며 벨크로(일명 찍찍이), 단추 등의 크기, 색상, 모양, 재질은 제한하지 않음(단, 핀 등 별도 부착한 금속성은 제외)

2	위생복 하의	• 색상·재질무관, 안전과 작업에 방해가 되지 않는 긴바지 – 조리기구 낙하, 화상 등 안전사고 예방을 위한 기준 적용
3	위생모	• 전체 흰색, 빈틈이 없고 바느질 마감처리가 되어 있는 일반 조리장에서 통용되는 위생모 [모자의 크기, 길이, 모양, 재질(면·부직포 등)은 무관]
4	앞치마	• 전체 흰색, 무릎아래까지 덮이는 길이 – 상하일체형(목끈형) 가능, 부직포·비닐 등 화재에 취약한 재질이 아닐 것
5	마스크	• 침액을 통한 위생상의 위해 방지용으로 종류는 제한하지 않음 (단, 감염병 예방법에 따라 마스크 착용 의무화 기간에는 '투명 위생 플라스틱 입가리개'는 마스크 착용으로 인정하지 않음)
6	위생화(작업화)	• 색상 무관, 굽이 높지 않고 발가락·발등·발뒤꿈치가 덮여 안전 사고를 예방할 수 있는 깨끗한 운동화 형태
7	장신구	• 일체의 개인용 장신구 착용 금지(단, 위생모 고정을 위한 머리핀 허용)
8	두발	• 단정하고 청결할 것, 머리카락이 길 경우 흘러내리지 않도록 머리망을 착용하거나 묶을 것
9	손/손톱	• 손에 상처가 없어야하나, 상처가 있을 경우 보이지 않도록 할 것 (시험위원 확인 하에 추가 조치 가능) • 손톱은 길지 않고 청결하며 매니큐어, 인조손톱 등을 부착하지 않을 것
10	폐식용유 처리	• 사용한 폐식용유는 시험위원이 지시하는 적재장소에 처리할 것
11	교차오염	• 차오염 방지를 위한 칼, 도마 등 조리기구 구분 사용은 세척으로 대신하여 예방할 것 • 조리기구에 이물질(예, 테이프)을 부착하지 않을 것
12	위생관리	• 재료, 조리기구 등 조리에 사용되는 모든 것은 위생적으로 처리하여야 하며, 조리용으로 적합한 것일 것

순번	구분	세부기준
13	안전사고 발생처리	• 칼 사용(손 벰) 등으로 안전사고 발생 시 응급조치를 하여야 하며, 응급조치에도 지혈이 되지 않을 경우 시험진행 불가
14	부정 방지	• 위생복, 조리기구 등 시험장내 모든 개인물품에는 수험자의 소속 및 성명 등의 표식이 없을 것(위생복의 개인 표식 제거는 테이프로 부착 가능)
15	테이프사용	• 위생복 상의, 앞치마, 위생모의 소속 및 성명을 가리는 용도로만 허용

※ 위 내용은 안전관리인증기준(HACCP) 평가(심사) 매뉴얼, 위생등급 가이드라인 평가기준 및 시행상의 운영사항을 참고하여 작성된 기준입니다.

2. 채점기준 안내

위생 및 안전 상태	채점 기준
1. 위생복(상/하의), 위생모, 앞치마, 마스크 중 한 가지라도 미착용한 경우 2. 평상복(흰티셔츠, 와이셔츠), 패션모자(흰털모자, 비니, 야구모자) 등 기준을 벗어난 위생복장을 착용한 경우	실격 (채점대상 제외)
3. 위생복(상/하의), 위생모, 앞치마, 마스크를 착용하였더라도 • 무늬가 있거나 유색의 위생복 상의·위생모·앞치마를 착용한 경우 • 흰색의 위생복 상의·앞치마를 착용하였더라도 부직포, 비닐 등 화재에 취약한 재질의 복장을 착용한 경우 • 팔꿈치가 덮이지 않는 짧은 팔의 위생복을 착용한 경우 • 위생복 하의의 색상, 재질은 무관하나 짧은 바지, 통이 넓은 힙합스타일 바지, 타이츠, 치마 등 안전과 작업에 방해가 되는 복장을 착용한 경우 • 위생모가 뚫려있어 머리카락이 보이거나, 수건 등으로 감싸 바느질 마감처리가 되어 있지 않고 풀어지기 쉬워 일반 조리장용으로 부적합한 경우 4. 이물질(예, 테이프) 부착 등 식품위생에 위배되는 조리기구를 사용한 경우	'위생상태 및 안전관리' 점수 전체 0점
5. 위생복(상/하의), 위생모, 앞치마, 마스크를 착용하였더라도 • 위생복 상의가 팔꿈치를 덮기는 하나 손목까지 오는 긴소매가 아닌 위생복(팔토시 착용은 긴소매로 불인정), 실험복 형태의 긴가운, 핀 등 금속을 별도 부착한 위생복을 착용하여 세부기준을 준수하지 않았을 경우 • 테두리선, 칼라, 위생모 짧은 창 등 일부 유색의 위생복 상의 ? 위생모 ?앞치마를 착용한 경우 (테이프 부착 불인정) • 위생복(상/하의), 위생모, 앞치마, 마스크에 수험자의 소속 및 성명을 테이프 등으로 가리지 않았을 경우 6. 위생화(작업화), 장신구, 두발, 손/손톱, 폐식용유 처리, 안전사고 발생처리 등 '위생상태 및 안전관리 세부기준'을 준수하지 않았을 경우 7. '위생상태 및 안전관리 세부기준' 이외에 위생과 안전을 저해하는 기타사항이 있을 경우	'위생상태 및 안전관리' 점수 일부 감점

※ 위 기준에 표시되어 있지 않으나 일반적인 개인위생, 식품위생, 주방위생, 안전관리를 준수하지 않을 경우 감점처리 될 수 있습니다.
※ 수도자의 경우 제복 + 위생복 상의/하의, 위생모, 앞치마, 마스크 착용 허용
출처 : "위생상태 및 안전관리 세부기준", 〈산업인력관리공단〉, 2022.03.25., www.q-net.or.kr.

차 례

한국요리

제1장 한국요리 입문
1. 한국요리의 개요 — 13
2. 조리 기술의 발달과 전승 — 14
3. 계절 배분에 의한 식생활의 절도 — 14
4. 향토음식 — 15

제2장 한국요리의 구성
1. 한국요리의 상차림 — 18
2. 한국음식의 종류 — 22

제3장 한식조리의 기본기
1. 조리도 사용법 — 28
2. 데치기 — 30
3. 볶기 — 31
4. 튀기기 — 33
5. 조리기 — 36
6. 찜하기 — 38
7. 건식품 취급 요령 — 39

제4장 한식의 각종 식재료 및 조미료와 고명
1. 육류 — 42
2. 어패류 및 해초류 — 50
3. 채소 — 55
4. 버섯, 달걀, 두부 — 56
5. 조미료와 고명 — 58

Contents

한식조리기능사

01 비빔밥 66	14 너비아니구이 92	27 탕평채 118
02 콩나물밥 68	15 제육구이 94	28 잡채 120
03 장국죽 70	16 생선양념구이 96	29 미나리강회 122
04 완자탕 72	17 북어구이 98	30 육회 124
05 생선찌개 74	18 더덕구이 100	31 재료썰기 126
06 두부젓국찌개 76	19 두부조림 102	
07 생선전 78	20 홍합초 104	
08 육원전 80	21 오징어볶음 106	
09 풋고추전 82	22 무생채 108	
10 표고전 84	23 더덕생채 110	
11 섭산적 86	24 도라지생채 112	
12 화양적 88	25 겨자채 114	
13 지짐누름적 90	26 칠절판 116	

Contents

한식고급요리

01 영양밥 130	23 깻잎전 152	45 비빔국수 174
02 단호박죽 131	24 생선전 153	46 칼국수 175
03 전복죽 132	25 오징어전 154	47 만두국 176
04 잣죽 133	26 사슬적 155	48 소고기전골 177
05 흑임자죽 134	27 삼합장과 156	49 두부전골 178
06 온면(장국수) 135	28 뱅어포구이 157	50 닭찜 179
07 골동면 136	29 다시마매듭자반 158	51 돼지갈비찜 180
08 규아상 137	30 멸치볶음 159	52 북어찜 181
09 아욱된장국 138	31 호두장과 160	53 달걀찜 182
10 삼계탕 139	32 죽순채 161	54 어선 183
11 초교탕 140	33 생표고버섯나물 162	55 오이선 184
12 된장찌개 141	34 무나물 163	56 호박선 185
13 두부선 142	35 취나물 164	57 채소튀김 186
14 떡찜 143	36 애호박나물 165	58 오이숙장아찌 187
15 삼색밀쌈 144	37 느타리버섯나물 166	59 무숙장아찌 188
16 어채 145	38 장김치 167	60 보쌈김치 189
17 월과채 146	39 도라지정과 168	61 오이소박이 190
18 구절판 147	40 밤초/대추초 169	62 북어보푸라기 191
19 파강회 148	41 경단 170	63 화전 192
20 대하잣즙무침 149	42 대합구이 171	64 매작과 193
21 새우전 150	43 섭산삼 172	65 배숙 194
22 호박전 151	44 국수장국 173	

부록-손안에 시험장 공개문제

한국요리

제1장 한국요리 입문

제2장 한국요리의 구성

제3장 한식조리의 기본기

제4장 한식의 각종 식재료 및 조미료와 고명

제1장 한국요리 입문

1. 한국요리의 개요

우리의 전통음식으로는 향토음식, 결혼음식, 절식, 제례음식 등이 있으며 주식으로는 쌀을 이용한 밥과 여러 가지 반찬을 함께 먹었다. 반찬으로는 동물성 식품과 식물성 식품을 잘 혼합 조리하여 맛과 영양의 균형을 이루었다. 우리는 관념적으로 육식을 고급 반찬으로 여겼으며 채소를 이용한 나물과 같은 것들을 소찬으로 인식하여 귀한 손님이 오게 되는 경우 소고기 등 육류를 이용한 찬을 준비하였다.

우리 전통 음식의 전승은 가정에서 할머니, 어머니에서 며느리로 가전되는 독특한 형태를 갖고 계승되었으나 개화이후 서양문화의 유입으로 많은 여성들이 신교육을 받게 된 결과 아름다운 우리의 식문화가 아무런 여과도 되지 않은 국적없는 식문화로 오늘날 우리 식탁을 장식하고 있다.

식문화란 인간의 3대 기본욕구 중 가장 중요한 식에 관한 문화라 할 수 있으며 가문, 지역, 민족에 따라 각각 고유한 전통을 갖는다 하겠다. 이것은 오랜 시간에 걸쳐 후세에 전해지며, 그 과정에서 국가간, 종속간 문화적 교류가 일어나는데 이러한 교류가 좋은 결과를 남기기도 하나 반대로 나쁜 영향을 미칠 수도 있으므로 항시 취사선택하는 지혜가 필요하다.

즉, 그것을 수용할 만한 문화적 여건이 조성되어 있지 않은 상태에서 무분별하게 받아들이는 것은 결과적으로 그 나라의 문화적 식민지로 전락하는 결과를 초래할 것이다.

이러한 측면에서 볼 때 우리는 우리의 고유한 식문화를 보존 계승 발전시키기 위한 노력이 필요하며 나아가 우리것을 세계에 알려야 하겠다.

한국요리가 근래에 들어 해외에서 연구의 대상이 되고 있으며, 이들로부터 훌륭하다는 평을 듣기도 한다. 그 중 김치는 가장 대표적이고 자랑스러운 한국음식이라 할 수 있겠다.

2. 조리 기술의 발달과 전승

인간의 식습관이 생식 위주에서 숙식으로 변천하면서 조리기술도 발달하였다. 조리기술의 발달과정은 원시문화의 태동 및 그 발달과 밀접한 관계를 가진다. 초기에는 불편을 전혀 모르고 생식을 하다가 점차 주거지를 이동하면서 불을 이용하는 조리 방법이 생겼다.

그 후 농·목축기에 들어서 음식을 끓이고 곡식도 저장하게 되었고, 술도 담그고 소금도 얻게 되어 토기와 더불어 새로운 조리법이 생기기 시작했다.

문명기에 접어들어 삼국, 고려, 조선시대로 내려오면서 이웃나라 당, 원, 청의 조리법을 받아들여 우리 기호에 맞는 음식법이 확립되었다. 즉, 기름을 사용하는 조리법이 생기고, 볶는법, 지지는법, 튀기는법 등이 다양하게 생겼다. 근세에 이르러 사회가 공업화되고 그 규모가 커짐에 따라 단체급식이 많아지게 되면서 시간과 노력을 절약하기 위한 조리기구, 조리연료, 조리법이 발달되었으며 단체급식은 영양사와 조리사가 담당하게 되었고 대중식도 증가하게 되었다.

전통 한국음식은 궁중의 상궁들에 의해 전승되었고, 현재 전해지는 궁중음식은 조선 말기의 주방 상궁들에 의해 전수된 것들이다.

3. 계절 배분에 의한 식생활의 절도

우리나라는 같은 위도에 있는 다른 나라에 비하여 사계절의 장점을 가지고 있어 계절에 따르는 자연의 섭리를 실감할 수 있는 풍토에 있고, 특히 산수가 많다. 이와 같은 기후조건에서 우리는 추운 겨울을 대비한 저장식품으로 김치와 같은 매우 합리적인 채소 음식을 개발하였고, 덥고 습도가 높은 여름에는 삼계탕, 육개장 그리고 건어물과 같은 농축음식으로 건강을 지킨다.

이른 봄에서 초여름에 걸친 기온과 습도를 이용하여 일년동안 상용하는 장류를 담아 저장을 하고, 여름에서 가을로 넘어가는 때는 별미로운 집장을 담그며, 추울때는 청국장을 담그는 등 계절의 특성에 맞추어 여러 가지의 별미 장류를 담그기도 한다.

3월이면 두견화주에 두견화전, 5월에는 수리치절편, 9월이면 국화주에 국화전을 마련하여 그 계절의 아름다움에 맞추어 특별음식을 즐기고 정서를 순화하였다. 또한 계절에 따라 산출되는 식품의 특성이 컸으므로 계절음식을 시식음식으로 삼아 식생활을 변화있게 관리할 수 있었다. 이와 같은 음식의 풍습 등은 계절배분의 자연적 특성에서 이루어진 것이며, 이러한 환경에서 주부들은 장 담그기를 비롯하여 각종 비축식품의 준비와 관리에 절도있게 대처하면서 살던 모습을 "농가월령가"를 통해서 엿볼 수 있다.

4. 향토음식

   향토음식이란 지방마다 그곳의 특산물로 구미에 맞게 만들어 먹는 서민적인 음식이다. 향토음식은 한 지방에서만 독특하게 조리되는가 하면 몇몇 지방이 공통으로 하는 것도 있다.

   각 도 마다 특색있는 향토음식을 살펴보면 다음과 같다.

1 경기도

   경기도는 개성과 인접하여 전통음식이 많다. 개성은 고려시대의 음식솜씨가 남아 있는 곳으로 개성경단, 개성약과, 보쌈김치, 홍해삼, 꿩김치, 여주산병, 양주메밀국수, 소만두, 연평도조기젓, 수수도가니, 풋고추부각 등이 유명하다.

2 강원도

   산이 깊고 바다를 끼고 있어서 옥수수, 감자, 메밀 등 잡곡과 산채, 해산물이 풍부하다. 설악산 지역의 음식은 비교적 소박한 편이며 주식은 쌀, 감자이며 해물요리는 대부분이 지지는 조리법과 물좋은 생선으로 얼간 생선을 만들어 양념하여 찌는 조리법이 보편적이다. 음식의 간은 고추장을 많이 사용하기는 하나 크게 맵지 않은 순한 맛이며, 보통 벼농사보다 밭농사가 많은 관계로 메밀국수, 메밀만두, 표고버섯덮밥, 옥수수죽, 수제비 등이 있으며 부식으로는 생더덕구이, 도토리묵, 감자부침, 생선구이, 오징어회, 석이버섯나물, 녹두부침, 초두부회, 튀각, 오징어구이, 산나물, 산나물부각, 백김치 등이 있고 후식에는 콩찰떡, 감자송편, 기장떡, 수수전병, 메밀전병, 오미자화채, 과즐두견주 등을 많이 한다.

3 충청도

서해를 낀 남도와 산으로 막힌 북도로 나뉘어 규모는 크지 않으나 맛이 소박하고 구수하다. 특히, 부여지방은 한국사 생활의 고유한 전통으로 되어있는 곡주의 양조기술을 해외로 유출시킬만큼 기술이 일찍 발달되었던 곳으로 지금도 백일주, 삼해주 등이 유명하다.

음식의 간은 고춧가루를 많이 사용하여 맵고 짠맛이 강하며 백제시대의 고도답게 식의 법도가 엄격한 것이 특징이다. 부여지방의 주식은 쌀과 보리이며 그 외 호박범벅, 깨죽, 설렁탕, 장국, 냉콩국 등이 뛰어나다. 부식류로는 장아찌, 송어, 장어, 쏘가리매운탕, 석화전유어, 굴깍두기, 김치적, 도라지산적, 시금치김치, 가지김치 등이 있으며 후식류로는 무엿, 기주떡, 인삼전과, 호박떡, 유자화채 등을 많이 한다.

저장식품으로는 김치, 젓갈(실치젓, 황새기젓, 어리굴젓, 꽃게젓) 등이 보편화 되어있고 장류에는 간장, 된장, 고추장 외에 집장, 청국장, 지례장 등이 있다.

4 전라도

전라도는 음식 솜씨가 뛰어나기로 개성과 견준다. 음식은 좀 짠편이며 젓갈류가 많아 젓국김치도 담근다. 예부터 전통을 지키는 구거나 반가가 많아 현재까지도 음식솜씨를 전승하고 있으며, 전주는 특히 완산팔미가 유명하다. 예를 들면 갓살김치, 고들빼기지, 젓갈, 문어오림, 애저, 홍어회, 비빔밥이 있고 가지김치, 감 장아찌, 김 장아찌, 쏙대기, 부각, 동아 석박지 등이 있다.

5 경상도

해산물이 풍부하며 식성은 맵고 짜다. 특히 멸치젓국과 된장으로 간을 맞추는 음식이 특색 있고, 경주지역은 음식의 격도가 높은 대표적 지역으로 각종 전병류와 가주의 전통이 깊으며 동해와 남해로부터 어물 공급이 비교적 좋은 고장이다.

일상식으로 주식은 밥이나 때로는 삼계탕, 찰팥밥, 냉면, 메밀묵무침, 비빔밥 등을 많이 하고 부식으로는 실파전유어, 미나리강회, 산채요리, 송이버섯요리, 갈비구이, 겨자채, 깨즙채, 생선찜, 쪽파김치, 배추김치, 달래깍두기, 소고기산적 등이 있다. 후식류에는 약식, 경주유과, 쑥굴레, 경주술, 느티나무떡 등이 있다.

6 제주도

 섬지역이므로 논이 적고 밭이 많아 조, 메밀, 두류에 콩, 팥, 녹두 등 잡곡류가 많이 생산되고 그 외에 고구마, 쌀 등이 있다. 축산업으로는 소, 젖소, 말, 돼지, 산양, 면양 등을 사육하고 수산업으로는 멸치, 톳, 소라, 고동, 우뭇가사리, 미역, 고등어, 전갱이 등이며 특산물로는 밀감, 유채, 표고, 맥주, 호프 등이 있다.
 제주시의 향토 음식으로는 주식에 어죽, 전복죽, 버섯죽, 옥돔죽, 꿩모밀국수, 꿩만두 등이 있고, 부식은 오분재기찜, 옥도미구이, 조개찌개, 톳나물, 파래무침, 멸치튀김, 전복회, 풋마늘, 나물, 완자구이, 꿩마늘무침, 도새끼회, 송치회, 자라회, 돼지고기구이, 다금바리회, 바다가재찜, 소라구이, 게웃젓 등이 있으며 후식류로는 빙떡을 많이 한다.

7 평안도

 음식이 먹음직스럽고 푸짐하다. 특히 냉면이 유명하며 국수틀이 집집마다 있어 직접 만들어 먹는다. 돼지머리편육, 어복쟁반, 내복탕, 순대, 마지즙강, 게알젓, 동치미, 냉면 등이 유명하다.

8 함경도

 한반도의 가장 북쪽에 위치하여 산이 많고 기후가 냉한 관계로 밭곡식이 많다. 한편 동해를 접하고 있어 담백한 생선이 많이 난다. 주 요리에는 가자미식해, 다시마냉국, 동태순대, 명란젓, 창란젓 등이 있다.

9 황해도

 산은 적고 평야가 많아 곡식이 흔하고 가축도 많아서 고기전, 갱국잡곡선, 행적, 분지장아찌, 연안식혜, 김치순두부, 된장떡, 닭고기비빔밥, 고수김치, 북어찜, 오쟁이떡, 무정과 등이 있다.

제2장 한국요리의 구성

1. 한국요리의 상차림

1 상차림의 변천

상차림의 유형은 그 시대의 정치, 경제, 문화의 유형이나 체제의 영향이 크고 한편으로는 의복이나 주거와 연계성이 크다. 한국음식 상차림의 변천과 조선시대에 정립된 유형을 설명하면 다음과 같다.

(1) 상고시대

고구려 벽화에서 추정하면 우리나라 상고시대의 상차림은 입식차림이었다. 다리가 긴 탁자 형상에다 음식을 차리고 의자에 앉아 식사하였으며, 음식을 담는 기명에는 고배형의 그릇이 많이 쓰였다고 볼 수 있다.

6세기경의 고분인 금령총에서 출토한 기명에 장경호, 함, 뚜껑없는 고배, 뚜껑있는 고배 등이 있다. 이 중 함은 밥그릇이고 고배는 찬물의 그릇, 장경호는 술병으로 쓰였을 것으로 추정하고 있다.

(2) 고려시대

'고려도경'에는 개경에 개설한 객관에서 접객을 할 때 "상객에게는 5상, 중객에게는 3상, 하객에게는 연상을 차린다"고 기술되어 있다. 또한 연회의 모습을 "왕공 국관은 상탁과 반찬을 사용하되 관리나 사민은 좌상만을 쓴다. 접객을 할 때 여러 가지 음식을 많이 하고 매 상에는 객이 2인씩이고 객의 수가 많으면 상을 늘린다"고 기록하고 있다.

이같은 기록으로 미루어 볼 때 Table같은 상탁 위에 음식을 담은 쟁반을 놓아 상차림을 한 것으로 해석되며, 상객일수록 음식을 담은 반수가 많았으며 하객인 경우에는 좌식상에다 두레상처럼 연상을 차린 것이다. 그러나 연회에서는 한 상에 2인씩 마주 앉고 상위에는 여러 가지 음식을 많이 차렸다.

(3) 조선시대

조선시대에 와서 상차림이 '좌상'식으로 고정되었다. 그러나 궁중에서 행한 의례와 제례의 상차림에는 옛날부터의 풍습에 따라 상탁을 사용하였다.

한편 반상, 큰상을 위시하여 여러 가지 상차림의 격식이 정립된다. 조선시대에 정립된 상차림은 유교이념을 근본으로한 가부장적 대가족제도가 크게 반영되어있고 음식을 담는 기명도 상차림에 따라 대체로 규격화 되었다.

2 상차림의 종류

상차림은 한상에 차려놓은 찬품의 이름과 수효를 말하는데, 그 규모는 그 음식대접이 어떤 뜻을 가졌는가에 따라 정해진다. 예를 들자면 돌상이라 하면 아이의 앞날을 축복하며, 아이의 부모가 자녀의 복을 기원하는 마음으로 백미한사발(양식), 국수(수명)한대접, 대추 한접시(자손번영) 등을 차린다. 길사에는 기쁨을, 제사에는 조상을 추도하는 뜻으로 어른이 생전에 드시던 음식을 푸짐하게 차린다. 예를 들면 생일상, 회갑상, 혼인상, 제상, 차례상, 고사상, 들놀이상, 회전놀이상 등이 있다.

(1) 초조반상

새벽자리에서 일어나 처음먹는 음식은 부담없는 가벼운 음식이어야 한다. 응이, 미음, 죽 등의 유동식을 중심으로 하고 여기에 맵지 않은 국물김치(동치미, 나박김치), 젓국찌개와 마른찬(암치보푸라기, 북어보푸라기, 육포, 어포) 등을 갖추어 낸다. 죽은 큰그릇에 담아 중앙에 놓고 오른편에는 곤기를 놓아 조금씩 덜어먹게 한다. 죽상에는 짜고, 매운찬은 어울리지 않는다.

(2) 반상, 수라상

반상은 밥상, 진지상, 수라상으로 구분하여 쓰는데 받는 사람의 신분에 따라 이름이 달라진다. 아랫사람에게는 밥상, 어른에게는 진지상, 임금에게는 수라상이라 부른다. 이 상들은 밥과 찬품을 차리는 형식이고 규모는 정해져 있으나 형편에 따라 찬품수는 최하 3품으로부터 12품으로 하여 3첩, 5첩, 7첩, 9첩 반상 등 홀수로 나간다. 5첩은 평일식사이고, 7첩은 여염집에서 신랑·색시상을 차릴때이고 9첩은 반가집에서, 12첩은 궁에서 차리는 격식이다.

(3) 낮것상(점심상)

평일에는 아침 늦게 밥상을 받으며 점심은 요기만하는 정도로 가볍게 먹는다고 하여 마음에 점을 찍는다는 뜻으로 점심이라 했다고 한다. 손님이 오시면 온면, 냉면 등으로 간단한 국수상을 차린다. 국수상 차림은 국수장국과 묽은장, 겨울에는 배추김치, 봄·가을에는 나박김치, 전유화, 편육, 잡채, 누름적, 초장, 과일, 약과, 화채, 식혜 등을 차린다. 사랑방에 술 손님이 오시면 주안상이 먼저 들어가고 나중에 장국상이 나간다.

(4) 주안상

약주에 안주를 곁들이는 것이 주안상이다. 술에 따라 안주도 달라지나 기본적인 것은 전유어, 편육, 탕 등의 안주와 몇 가지 마른안주를 낸다. 찌개, 전골 등 따뜻한 음식이 나갈 때는 매우 잘 차린 주안상이 되고 생률, 생과일, 정과 등 후식까지 차리면 더욱 잘 차린 주안상이다.

(5) 잔치상

잔치는 경축의 뜻을 가진 상으로 대개 면(국수)상을 차리기도 하나 보통 교자상을 차린다. 손님들의 회식을 위해 큰상에 음식을 차려놓고 동시에 여러 사람이 음식을 먹게 하는 것이 교자상 차림이다. 의례로 받는 상은 평접시에 종이로 봉을 하여 높이고, 여담고 위에 가화로 장식을 하여 나란히 차려놓는 상을 고배상, 또는 망상이라 한다. 고배상은 보기좋게 높이 고여 인사로 받는 것이며 따로 작은 상에 장국상을 차리는것을 임매상이라 한다. 임매상에는 망상에 고배한 음식을 조금씩 덜어 놓는다.

(6) 어상

나라의 경사에 임금이 받는 상이다.

3 절식과 시식

우리나라에서는 옛날부터 춘하추동 4절기와 명절에 특별한 음식을 차려 즐기고, 또 액을 면하게 빌었다.

(1) 정초음식

편(흰떡, 주악, 인절미, 수수전병), 떡국, 만두, 약식, 다식, 약과, 전과, 정과, 강정, 전유어, 빈대떡, 편육, 누름적, 찜, 숙실과, 수정과

(2) 정월 삼일

　편(백편, 당귀말점진병, 꿀찰떡), 편웃기(봉우리떡, 오리알산병), 주악, 단자

(3) 정월 보름

　오곡밥, 각색나물, 약식, 유밀과, 원소병, 부럼

(4) 삼월 삼짇날

　청주, 과, 포, 편(절편, 녹말편), 조기면, 화전, 화면, 진달래화전

(5) 사월 초파일

　편(고엽점증병, 녹두찰편, 쑥떡), 화전, 양색주악, 석이단자, 국수비빔, 전유어, 편육(양동구리, 해삼), 신선로, 웅어회, 도미회, 미나리강회, 화채, 편육, 생실과, 햇김치

(6) 오월 단오

　꿀편, 어알탕, 준치만두, 앵두화채, 제호탕, 생실과, 보리수단

(7) 유월 유두

　편수, 봉숭아화전, 밀쌈, 구절판, 깨국탕, 어채, 딸기화채, 생실과

(8) 칠월 칠석

　증편, 밀전병, 육개장, 게 전유어, 잉어구이, 복숭아화채, 오이김치

(9) 칠월 삼복

　깨찰떡, 규아상, 육개장, 흰떡, 깨국탕, 김칫국, 냉면, 멍게찜, 어채, 생실과, 열무김치

(10) 팔월 한가위

　송편, 갖은나물, 토란탕, 가지찜, 배화채, 생실과

(11) 구월구일

　간국전, 밤단자, 유자화채

(12) 시월 무오일

　무시루편, 무오병, 신선로, 감국전, 유자화채

(13) 십일월 동지

팥죽, 녹두죽, 전약, 식혜, 수정과, 동치미

(14) 섣달 그믐

골무병, 주악, 잡과, 떡국, 갖은전골, 전과, 식혜, 수정과, 장김치, 골동반

2. 한국음식의 종류

1 주식류

(1) 밥

밥은 우리 음식의 대표적인 주식이다. 밥 짓기는 우리나라에서 생산되는 쌀의 특성에 맞추어 발달된 조리방법이다. 주로 흰 밥을 많이 먹지만 보리, 조, 수수, 콩, 팥, 녹두, 밤 등을 섞어 잡곡밥을 만들기도 한다.

밥의 종류는 별식으로 지을 때에는 채소류, 어패류, 육류 등을 넣은 보리밥, 콩밥, 팥밥, 밤밥, 오곡밥, 찰밥, 차조밥, 콩나물밥, 무밥, 채소밥 등이 있으며, 밥 위에 나물과 고기 등을 넣어 비벼서 먹는 비빔밥(골동반) 등이 있다.

밥은 먹는 대상에 따라 어른에게는 '진지' 임금님에게는 '수라' 라고 달리 불렀다.

(2) 죽

죽은 곡류를 이용한 유동식 음식으로서, 일찍부터 발달한 주식의 한가지이다. 죽은 물의 양에 따라서 죽보다는 미음이, 미음보다는 응이가 더 묽다. 죽은 환자식, 보양식, 별미식, 구황식으로 먹었으며 궁중에서는 초조반으로 차려졌다.

죽의 종류에는 흰죽, 흑임자죽, 녹두죽, 콩죽 등 곡물만으로 쑤는 죽과 채소류, 어패류, 육류 등의 부재료를 넣어 끓이는 죽이 있다.

(3) 국수

국수는 일상적인 주식보다는 무병장수를 기원하는 의미로 잔치상의 손님접대용으로 차리

고, 평상시에는 점심때에 많이 먹는다. 국수의 종류는 온면, 냉면, 비빔국수, 칼국수 등이 있으며, 재료에 따라 밀국수, 메밀국수, 녹말국수, 콩국수, 칡국수, 쑥국수 등이 있다.

지역적으로는 북쪽 지방의 사람들은 겨울에도 찬 냉면을 즐기고 남쪽의 사람들은 여름에 더운 밀국수를 즐겨 먹는다.

(4) 만두국, 떡국

만두국과 떡국은 겨울철 음식으로 특히, 정월 초하루에 먹는 명절음식이다. 만두는 북쪽지방에서, 떡국은 남쪽지방에서 즐겨 먹었으며, 근래에는 떡국에 만두를 넣어 끓이는 떡만두국도 있다.

만두의 종류는 껍질과 소의 재료에 따라 밀만두(밀가루), 메밀만두(메밀가루), 어만두(생선포), 준치만두, 생치만두(꿩만두), 김치만두 등이 있다. 만두모양에 따라서는 껍질의 양귀를 맞붙여 둥글게 빚는 개성만두, 해삼모양의 규아상(미만두), 네모난 만두피에 소를 넣고 사각형으로 만든 편수, 소를 밀가루에 굴려서 만든 굴린 만두 등이 있다.

2 부식류

(1) 국(탕)

국은 국물음식으로, 주식인 밥과 함께 반상차림에 빠지지 않는 기본적인 부식으로 탕이라 한다. 국의 종류는 소금이나 청장으로 간을 맞춘 맑은 장국, 된장이나 고추장으로 간을 맞춘 토장국, 소고기의 여러 부위를 푹 고아서 소금으로 간을 맞춘 곰국, 끓여서 차게 식힌 국물에 건더기를 넣어 간을 맞춘 냉국 등이 있다.

(2) 찌개(조치)

찌개는 국물의 2/3 정도가 건더기로 국보다 국물이 적으며, 간을 맞추는 재료에 따라 된장찌개, 고추장찌개, 맑은찌개(젓국찌개)로 나눈다. 조치는 궁중에서 찌개를 일컫는 말이고, 감정은 고추장으로 간을 한 국물이 자작한 찌개를 말한다.

(3) 전골, 볶음

전골은 여러 가지 재료를 준비하여 색 맞추어 전골틀에 담고 식탁에서 화로 위에 올려놓고 즉석에서 만들어 먹는 음식이다. 주방에서 간을 맞추어 볶아서 접시에 담아 상에 올리면 볶음이라고 한다.

전골냄비인 벙거짓골은 전립을 뒤집어 놓은 것처럼 생겼고, 가운데에 국물이 고이도록 우묵하게 패여 있어 국물을 먹을 수 있고 가장자리에는 여러 가지 재료를 얹어 볶으면서 먹는다. 근래의 전골은 여러 가지 재료에 육수를 넉넉히 부어서 즉석에서 끓이는 찌개형태로 바뀌었다.

(4) 찜, 선

찜은 육류, 어패류, 채소류를 국물과 함께 끓이거나 증기로 쪄서 익히는 방법이다. 동물성 식품을 주재료로 하고, 채소, 버섯, 달걀 등을 섞어 조리한다.

선은 흰 생선이나 호박, 오이, 가지, 배추, 두부와 같은 식물성 식품에 소를 넣고 찌는 요리이다.

(5) 조림(초)

조림은 주로 반상에 오르는 찬품으로 궁중에서는 조림을 조리개라고 하였다. 대체적으로 담백한 맛의 흰살 생선은 간장으로 조리고, 붉은살 생선이나 비린내가 많이 나는 생선류는 고추장(고춧가루)과 생강을 넣어 조린다.

초는 볶음의 일종으로 조림을 달게 만들어 녹말을 풀어 넣고 국물없이 윤기있게 조린 음식으로 홍합초, 전복초, 소라초, 해삼초 등이 있다.

(6) 구이, 적

구이는 가열조리법 가운데 가장 먼저 생긴 것으로 불고기가 대표적인 음식이다. 불고기는 근래에 생겨난 말로 원래는 얇게 저며서 양념하여 굽는 너비아니구이와 담백한 맛의 방자구이(소금구이)가 있다.

적은 여러 가지 재료를 양념하여 꼬치에 꿰어 구운 것으로, 익히지 않은 재료를 꼬치에 꿰어 지지거나 구운 산적과 재료를 꿰어 전을 부치듯이 옷을 입힌 지진 누름적이 있다.

(7) 전, 지짐

전은 기름을 두르고 지지는 조리법으로 전유어, 저냐 등으로 부르고, 궁중에서는 전유화라고 하였다. 전의 재료는 육류, 어패류, 채소류 등의 재료를 지지기에 좋은 크기로 얇게 저며 밀가루와 달걀 푼 것을 입혀서 기름에 지진 음식이다.

지짐은 빈대떡이나 파전처럼 재료들을 밀가루 푼 것에 섞어서 기름에 지져내는 음식이다.

(8) 회, 숙회

회는 육류, 어패류, 채소류를 날로 살짝 데쳐서 초고추장, 겨자장, 소금 등에 찍어 먹는 음식이다. 회는 만드는 재료에 따라 어패류 회, 육류 회, 채소류 회 등과 조리법에 따라 생회와 숙회가 있다.

(9) 편육, 족편, 묵

고기를 덩어리째 푹 삶은 것이 수육이고, 수육을 눌러 굳힌 다음 얇게 저민 것이 편육이다.

족편은 육류의 질긴 부위인 소족, 사태, 힘줄, 껍질 등에 물을 부어 오래 끓여서 젤라틴 성분이 녹아 죽처럼 되는데, 이것을 네모진 그릇에 부어서 고명(실고추, 석이버섯, 달걀 지단)을 넣고 굳힌 다음 얇게 썬 것으로 양념간장을 찍어 먹는다.

묵은 전분을 풀처럼 쑤어 그릇에 부어 응고시킨 것으로 청포묵(녹두묵)과 메밀묵, 도토리묵 등이 있다.

(10) 나물

나물은 익혀서 조리한 숙채와 날 것으로 조리한 생채가 있으며, 보통 숙채를 이르는 말이다. 생채는 재료 본래의 맛을 살리고 영양손실을 막는 조리법으로 여러 가지 양념과 함께 설탕, 식초를 사용하는 것이 특징이다.

(11) 장아찌(장과)

장아찌는 제철에 많이 나는 채소를 간장, 고추장, 된장, 식초 등에 담아 묵혀두고 먹는 저장식품이다.

장과 중에는 장류에 담그지 않고 갑자기 만든 갑장과와 익혀서 만든 숙장과가 있다.

(12) 튀각, 부각, 포

튀각은 다시마, 미역, 호두 등을 기름에 튀긴 것이고, 부각은 재료에 풀칠을 하여 바싹 말렸다가 튀겨서 먹는 밑반찬이다.

포는 소고기, 생선, 어패류의 연한 살을 얇게 저미거나 다져서, 혹은 통째로 말리는 것을 말하며 간을 할 때는 간장이나 소금으로 하며, 말려서 마른찬이나 술안주로 사용한다.

(13) 젓갈, 식해

젓갈은 어패류를 소금에 절여서 숙성시킨 저장식품으로, 반상차림 또는 밑반찬뿐만 아니라 김장김치에도 없어서는 안 되는 재료이다. 독특한 발효미를 가지며, 칼슘을 공급해주는 식품이다.

식해는 어패류를 엿기름가루나 밥을 섞어서 삭힌 것으로, 함경도 지방의 가자미식해는 메조로 밥을 지어 소금과 고춧가루양념에 섞어 삭힌 것으로 유명하다.

(14) 김 치

세계에 자랑할 만한 우리나라의 김치는 식물성과 동물성 식품이 조화된 발효음식으로, 채소가 부족한 시기에 비타민과 유기산, 칼슘을 공급해주는 필수적인 저장식품이다.

3 떡, 한과

(1) 떡

떡은 찌는 떡, 치는 떡, 빚는 떡, 지지는 떡, 부풀리는 떡 등으로 나누어지며, 각종 곡류가 사용된다. 떡은 증숙법에 의한 음식으로, 죽 다음 단계에서 발달한 것으로 보인다. 떡은 농경문화의 정착시대부터 발달된 우리의 전통음식으로 제사나 잔치 때 사용되는 주식인 동시에 별식이기도 하다.

(2) 한과

유밀과와 다식, 정과, 과편, 숙실과, 엿강정 등을 통틀어 '한과'라 하며, 후식으로 또는 잔치, 제사음식으로 필수적인 음식이다.

4 음청류

(1) 식혜

겨울철에 많이 만드는 식혜는 우리나라 사람들이 가장 즐기는 차가운 음료이다. 쌀밥을 엿기름물에 당화시켜서 단맛을 낸 것이다.

(2) 화채

우리의 음료 가운데에서 차게 해서 마시는 것을 일반적으로 '화채'라 하고, 뜨겁게 마시는 것을 '차'라고 한다.

화채는 오미자국물에 계절의 과일이나 꽃잎 등을 실백과 함께 띄우는 음료이다. 종류로는 오미자국을 기본으로 한 화채와 과즙화채, 꿀물화채 등이 있다.

(3) 배숙, 수정과

배숙은 배를 조각내어 통후추를 박아 생강물에서 익혀 차게 식혀 먹고, 수정과는 생강과 계피를 다린 물에 단맛을 내고 말린 곶감을 넣어 무르면 먹는다.

(4) 수단, 원소병

찬물에 꿀을 타서 단맛을 내며 건더기로는 햇보리를 삶아 띄운 보리수단과 겨울철에는 흰떡을 잘게 빚어 넣은 떡수단이 있다. 원소병은 소를 넣어 빚은 작은 경단을 삶아서 꿀물에 띄운 것이다.

(5) 미수

여름에는 찹쌀이나 보리쌀을 쪄서 볶은 후 가루로 빻아 꿀물에 타서 마신다.

(6) 과일화채

과일이 흔한 철에 딸기, 앵두, 수박, 유자, 복숭아 등을 즙 낸 것으로 그 위에 과일조각을 띄우기도 한다.

(7) 제호탕

궁중에서는 여러 가지 한약재를 고운 가루로 만들어 꿀에 섞은 제호탕을 만든다. 이것은 여름에 냉수에 타서 마시면 가슴속이 시원하고 그 향기가 오래간다고 한다.

제3장 한식조리의 기본기

1. 조리도 사용법

　칼을 사용할 때는 검지손가락을 칼등에 얹고 다른 손가락은 편하게 느껴지도록 칼자루를 잡은 다음 가볍게 힘을 주어 칼을 든다. 칼을 잡을 때 힘을 주지 말아야 하는 것이 중요한 포인트인데, 힘을 주어 잡으면 유연성이 결여되어 손을 벨 염려가 있기 때문이다.

　식품을 썰 때는 일반적으로 왼손으로 재료를 누르고 써는데, 손가락 끝을 안쪽으로 구부린 채 손가락의 첫째 마디를 칼에 대는 듯하게 하고 몸 전체에 리듬을 주는 듯한 동작으로 부드럽게 썬다. 이때 몸은 왼쪽을 약간 앞으로 오게 하고 오른쪽이 약간 뒤로 물러선 듯한 자세를 취한다. 도마는 조리대의 가장자리에 평행으로 놓고 썰되 몸은 조리대의 주먹하나 정도의 간격을 두도록 한다.

1 잡아당겨 썰기

　칼의 안쪽은 들어 올리고 칼끝을 재료에 비스듬히 댄 채 잡아당기듯이 써는 방법이다. 오징어를 채 썰 때 이 방법을 이용한다. 재료는 썰어진 채 도마 위에 그대로 있으므로 그 밑에 칼을 뉘어서 넣고 살짝 들어서 그릇으로 옮겨 담으면 된다.

2 밀어썰기

　무, 양배추, 오이 등을 채 썰 때 사용하는 방법이다. 오른쪽 검지손가락을 칼등에 대고 칼을 끝 쪽으로 미는 듯하게 가볍게 움직이면 곱게 썰어진다. 위에서 아래로 내리 누르듯이 힘을 주면 채소의 섬유질이 파괴되어 썰어진 단면이 거칠어진다. 큼직한 호박이나 무 등을 토막낼 때도 쓰이는데 이때는 칼을 안쪽에서 끝 쪽으로 밀어 넣는 듯한 기분으로 재료에 넣고 왼손으로 칼끝쪽을 누른채 이쪽저쪽으로 번갈아 힘을 주면서 쪼개듯이 썬다. 밀쌈이나 김밥 등 말랑말랑하고 속에 무엇이 들어있는 재료를 썰 때 무조건 힘을 주어 눌러 썰면 속 재료가 빠져나가고 지저분해진다. 우선 칼끝을 재료에 넣은 다음 안쪽으로 잡아당기는 듯한 동작으로 얇게 썬다.

3 눌러썰기

다져 썰기의 방법으로, 왼손으로 칼끝을 가볍게 누르고 오른손을 상하 좌우로 누르는 듯하게 써는 것이다. 흩어진 것은 다시 모아 같은 동작을 반복하면 곱게 다져진다.

4 저며썰기

재료의 왼쪽 끝에 왼손을 얹고 오른손으로는 칼을 눕혀서 재료에 넣은 다음 안쪽으로 잡아당기는 듯한 동작으로 얇게 써는 방법이다.

5 기본썰기

기본썰기는 식품의 맛과 조리를 쉽게 하고, 먹기 좋고 소화가 잘 되게 하기 위함이다. 칼날을 적절하게 잘 이용해서 일정한 두께로 가지런히 자를 수 있어야 한다.

① 어슷썰기

② 통(원형)썰기

③ 반달썰기

④ 은행잎썰기

⑤ 나박썰기

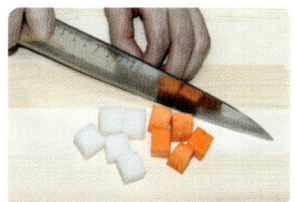
⑥ 깍뚝썰기

⑦ 막대썰기

⑧ 골패썰기

⑨ 마름모썰기

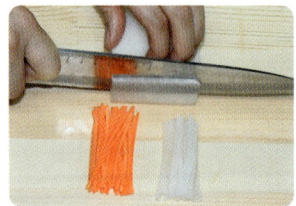
⑩ 채썰기

⑪ 다지기

⑫ 밤톨썰기

⑬ 돌려깍기

⑭ 막썰기

2. 데치기

1 목적

① 딱딱하고 질긴 재료를 부드럽게 한다.

② 떫고 아린맛을 없앤다.

③ 색깔을 선명하게 살린다.

④ 여분의 수분을 없앤다.

⑤ 조리시간을 단축한다.

2 방법

(1) 찬물에서부터 넣어서 데치는 방법

우엉, 무, 청둥호박, 죽순, 고구마, 감자 등 쉽게 익지 않는 재료나 가열해도 색이 변할 염려가 없는 식재료를 데치는 방법이다. 만약 익으면 부서지기 쉬운 재료에는 백반을 약간 넣으면 방지할 수 있다.

(2) 끓는 물에 데치는 방법

시금치, 쑥갓, 미나리 등의 푸른 채소류와 완두 등과 같이 가열하면 변색하기 쉬운 재료나 쉽게 익는 재료, 어패류 등을 데치는 방법이다. 삶을 때 소금이나 백반을 넣으면 색상이 선명하게 삶아지는 효과가 있다.

3 삶는 요령

① 재료를 물로 씻은 후 물기를 충분히 뺀다.
② 더운 물은 넉넉히 사용한다.
③ 불은 반드시 강한 불로 조리한다.
④ 뚜껑을 열고 삶는다.
⑤ 재료를 한꺼번에 다 넣지 말고 적당량씩 넣어 데친다.

3. 볶기

1 생강, 파, 마늘을 적절히 이용한다.

닭고기나 돼지고기 등 육류나 어패류를 재료로 한 볶음 요리를 맛있게 만들기 위해서는 주재료를 넣기 전에 먼저 파, 마늘, 생강을 곱게 다져 넣고 기름에 볶는다. 2~3차례 휘저으면서 이들의 맛과 향이 기름에 배어들 때 재료를 넣어 볶으면 좋지 않은 냄새도 제거되고 맛있게 조리된다.

2 센불(강한 불)에서 단시간에 볶는다.

볶음요리의 가장 중요한 포인트이다. 약한 불에서 오랫동안 가열하면 재료에서 불필요한 물기가 생겨 맛이 없어질 뿐 아니라 영양분의 손실도 커진다. 또한 볶음 요리에서만 즐길 수 있는 약간 설익은 듯한 상큼한 맛도 빼앗기게 된다. 익기 어려운 재료는 미리 한 단계 가열시킨 다음 볶으면 된다.

3 녹말의 이용

녹말가루를 풀어서 넣으면 음식이 잘 식지 않을 뿐만 아니라 먹음직스러운 윤기가 생겨 구미를 돋운다. 볶는 방법이나 재료에 따라 어느 정도 물기가 더해지는 요리에 적당량의 녹말가루를 같은 분량의 물에 풀어서 조리의 마무리 단계에 넣고 휘저으면 된다.

4 참기름의 이용

불을 끄기 직전에 참기름을 몇 방울 떨어뜨린다. 볶을 때는 식용유를 쓴다. 참기름은 가열하는 도중에 넣으면 참기름 특유의 향기가 없어지기 때문에 조리의 모든 과정이 끝나고 불을 끄기 직전에 몇 방울의 참기름을 넣으면 고소한 참기름의 맛이 그대로 남아 향긋한 냄새와 함께 감칠맛이 난다.

알아두세요!

새 프라이팬을 처음 사용하게 될 때는 녹슬지 않게 하기 위하여 불에 달구어야 한다. 달군 후 물을 틀어 놓고 솔로 씻어 내린다. 물기를 닦은 후 쓰던 기름을 부어 연기가 날 정도로 끓인다. 끓던 기름을 따르고 달걀을 깨뜨려 프라이팬에 굴리며 익힌다. 달걀이 프라이팬 바닥에 붙으면 다시 처음과 같이 반복하여 달걀을 굴리며 길들인다. 사용 후 물로 닦아서 물기 없이 보관하며, 모래나 세제, 수세미 등으로 문질러 닦으면 프라이팬 표면에 묻어 있던 기름이 모두 씻기고 다른 재료들이 눌러 붙게 된다.

4. 튀기기

튀김요리는 기름을 사용하게 되는데 식재료에 따라 다소 다르지만 기름의 끓는 온도인 180℃가 가장 적당하다. 식품은 기름 속에서 가열을 하면 그 식품이 가지고 있는 수분이 감소하면서 기름을 대신 흡착하여 고소한 맛을 지니게 하고 기름으로 인하여 칼로리도 많이 증가하는 이점이 있다. 기름 속에 있던 식품이 기름위로 떠오르는 것은 식품속의 수분이 빠지기 때문이다.

식품을 그냥 튀기면 대개 40%의 수분이 감소하고, 옷을 입히고 튀기면 20%의 수분이 감소한다. 기름의 흡착율은 그냥 튀긴 것은 3%, 옷을 입힌 것은 5~10%이다. 튀김은 고온으로 단시간에 조리하는 요리이기 때문에 내성분이 흘러나오는 비율이 다른 조리법에 비하여 적고 비타민 및 다른 영양 손실이 가장 적다.

1 튀김용 도구

(1) 튀김냄비
운두가 깊고 바닥이 평평하며 두터운 냄비가 좋다.

(2) 튀김국자
보통 국자보다 좀 크고 구멍이 뚫려 있는 것을 준비한다. 튀기는 도중 기름에 남는 튀김 찌꺼기나 튀김을 건질 때 사용한다.

(3) 튀김망
튀김냄비로부터 튀김을 건져서 기름이 빠질 동안 담아 놓을 수 있는 망으로 튀김이 겹쳐지지 않도록 어느 정도 큰 것이 좋다.

(4) 튀김 젓가락
길이가 긴 대나무 제품이 좋다. 튀김옷을 재료에 입힐 때, 튀김 재료를 가열된 기름에 넣을 때, 튀기는 도중 재료를 저어줄 때 사용한다.

2 튀김 재료 손질

(1) 새우

소금물에 씻은 다음 머리를 떼고 꼬리쪽 한마디의 껍질만 남기고 벗긴다. 등쪽에 꼬챙이를 넣어 내장을 뺀다음 꼬리 끝을 긁어주고 배쪽에 3~4군데에 칼집을 넣어 힘줄을 잘라주면 튀겼을 때 꼬부라지지 않는다.

(2) 오징어

여러 가지 모양으로 튀길 수가 있는데 배를 가르지 않고 고리모양으로 썰어서 튀기는 것이 보기에 좋다. 오징어의 다리를 잡아당겨 몸통 속의 내장을 떼어 내고 껍질을 벗긴 다음 적당한 두께로 썬다. 오징어 살의 여러 군데에 칼집을 넣어 주면 먹기에 좋다.

(3) 고기류

가능한 힘줄과 기름기가 없는 살코기가 튀김용으로 적합하다. 얇게 저며 칼집을 낸 다음 잘게 썬다. 그 위에다 튀김옷을 입혀 튀겼을 때의 크기가 밤톨만하다면 고기의 크기는 그보다 작게 써는 것이 좋으며 밑간을 하여 재워 두었다가 튀겨야 맛이 있는데 고기에 따라 진간장, 청주, 소주, 생강즙, 후춧가루 등으로 양념한다. 다진고기는 튀길 때 밑간 재료에 녹말가루를 섞어서 다진 고기가 잘 뭉쳐지도록 한다.

(4) 채소류

감자나 고구마, 당근 등은 껍질을 벗기고 얇게 썰어 튀김옷 없이 튀기는 것이 깨끗하고 맛이 있다. 쑥갓, 깻잎 등은 깨끗이 씻어 물기를 거둔 다음 튀김옷을 입혀 튀기면 바삭하게 튀겨지고 팽나무버섯은 뿌리를 잘라낸 다음 튀긴다.

(5) 생선

튀김요리용 생선은 크기가 비교적 작은 보리멸, 도루묵, 조기, 가자미를 꼽을 수 있다. 이런 생선들은 대개 토막내지 않고 통째로 튀기게 되는데 비늘이 있는 것은 비늘을 긁고 내장은 제거하되 머리, 꼬리, 지느러미 등은 잘라 내지 않고 튀기는 편이 모양이 좋다. 생선 냄새를 없애기 위해 청주, 생강즙, 레몬 등을 밑간할 때 사용한다.

통째로 튀기기 때문에 자칫하면 속은 설익기 쉬우므로 기름의 온도를 약간 낮게(160°C~170°C) 해놓고 속이 완전히 익을 때까지 튀기는 것이 좋다.

3 튀김옷 만들기

① 지나치게 섞지 않는다.
② 튀김옷을 만들기 위한 밀가루는 차게 보관하고 사용하기 전에 체에 거른다.
③ 튀김옷 물은 달걀 노른자 1개에 물(얼음물) 1컵의 비율로 하고 달걀 노른자를 잘 풀어둔다.
④ 튀김옷 물과 밀가루의 비율은 1 : 1 정도가 좋다.
⑤ 튀김옷은 튀김요리를 조리할 때 즉시 만들어 사용하고 양을 조절하여 남지 않게 한다.
⑥ 빵가루를 튀김옷으로 할 경우 재료에 밀가루를 묻히고 달걀을 곱게 푼 것에 담갔다가 건져서 빵가루를 묻혀 튀긴다.
⑦ 밀가루는 박력분을 사용한다.

4 튀김요리 포인트

① 한꺼번에 많은 양의 기름을 넣지 않는다.
② 신선한 재료를 써야 한다.
③ 재료에 따라서 튀김기름의 온도를 조절하여야 한다. (생선, 육류, 채소)
④ 튀김을 기름에서 건져 바로 겹쳐 놓으면 습기가 생겨 좋지 않으므로, 기름을 흡수할 수 있는 한지를 깔고 그 위에 펴 놓는다.
⑤ 대체로 재료에 수분이 많고 큰 것은 저온(165~170℃)에서 튀긴다.

5 튀김 기름의 온도

① 150℃ : 튀김옷이 바닥에 가라앉았다 한참 후에 떠오른다.
② 160℃ : 튀김옷이 바닥에 가라앉았다 떠오른다.
③ 170℃ : 튀김옷이 중간쯤 가라앉았다 떠오른다.

④ 180℃ : 튀김옷이 표면에서 부드럽게 퍼진다.
⑤ 190℃ : 기름에 연기가 약간 나고 튀김옷은 잘게 부서지듯 표면에서 퍼진다.

6 튀김 기름의 취급 보관

튀김을 끝낸 기름은 고운체에 받쳐서 불순물을 제거하고 병에 밀봉하여 찬곳에 보관한다. 가급적이면 한 번 사용한 기름은 재사용하지 않는 것이 좋으므로 조리 작업을 시작하기 전 기름의 양을 조절하며 폐유를 최소화하여 버린다. 버릴 때는 하수구를 통해 버리지 말고 통에 담아 쓰레기 수거 시 함께 버린다.

5. 조리기

1 조림 요리의 특징

조린다는 것은 식품을 액체(조림 국물) 속에서 가열하는 조리방법이다. 조림 국물이 가열되면서 열이 식품에 전해지고 이와 함께 국물맛도 배게 된다. 식품을 조리면 국물맛이 식품속에 배어들기도 하며 동시에 식품의 성분이 조림 국물로 녹아 나오기도 하여 조림 국물의 맛을 좋게 한다. 다른 조리법에 비하여 가열시간이 비교적 오래 걸리므로 영양분의 손실이 크다.

고기나 생선을 재료로 한 조림 요리가 식으면 그 조림 국물이 묵처럼 굳어지는 것을 볼 수 있다. 그 이유는 고기나 생선 속에 포함되어 있는 콜라겐이라는 단백질이 물과 함께 오랜시간 동안 가열되므로 젤라틴이라는 부드러운 물질로 변하게 되고 그 젤라틴이 식어서 묵처럼 되기 때문이다.

콜라겐은 생선의 껍질이나 힘줄에 많이 포함되어 있는데, 오랫동안 조린 고기가 부드러운 것은 고깃속의 콜라겐이 젤라틴으로 되어 고기를 연화(軟化)시켰기 때문이다.

푸른색 채소를 재료로 하였을 경우 조리가 다 되고 나면 색상이 어둡고 누렇게 퇴색 된다. 이것은 채소의 푸른 빛깔을 내는 엽록소가 열에 의해 파괴되었기 때문이다. 또한 엽록소는 산에 의해서 퇴색되는 성질이 있는데 간장으로 간을 하여 조리면 간장의 산성에 의해 변색이 더욱 촉진된다. 푸른색 채소조림의 색깔을 유지시키려면 단시간에 조리해야 하며 아울러 뚜껑을 열어놓고 조리하도록 한다.

2 조리는 요령

(1) 조림 국물이 끓을 때 생선을 넣는다.

재료가 잠길 만큼의 조림 국물을 만들어 끓이다가 생선을 넣으면 생선이 부서질 염려가 적다. 이것은 생선구이를 할 때 프라이팬이나 석쇠를 먼저 달구어 조리하는 것과 같은 이치로 생선 표면의 단백질을 급속히 응고시켜 살이 부서지지 않게 하기 위함이다.

(2) 알맞은 조미료, 향신료를 사용한다.

돼지고기에 생강즙을, 생선조림에 청주를 넣어서 조리하는 것은 식품의 독특한 냄새를 없애기 위해서이다. 또 음식에 윤기와 단맛을 내기 위해 물엿이나 설탕을 넣는 것도 좋은 방법이다.

(3) 조림 요리의 포인트

조림 요리의 포인트는 조림 국물의 간이 재료에 잘 배어들고 재료의 맛과 영양이 조림 국물에 녹아 나와 재료와 국물의 맛이 어우러지는 것이다. 녹색채소 조림의 경우는 다르겠지만 대개의 조림 요리는 심심한 국물을 넉넉하게 만들어 붓고 약한 불로 천천히 조려서 충분히 맛을 내야 한다. (생선조림, 고기조림, 감자조림, 무조림 등)

(4) 백반이나 소다를 이용한다.

밤이나 고구마를 조릴 때 백반을 소량 넣으면 살이 단단해져서 잘 부스러지지 않는다. 이것은 백반이 밤, 고구마의 펙틴 성분과 결합하여 조직을 단단하게 만들기 때문이다. 뿐만 아니라 백반은 단백질을 굳히는 작용도 한다. 백반을 사용할 때 적당한 분량을 사용하는데 대략 물 $1\frac{1}{2}$에 백반 1작은술 정도가 알맞다. 한편 섬유소가 많은 채소나 콩 종류를 조릴 때 소다를 넣으면 부드러워지는데 이는 소다가 섬유소를 연화시키는 작용을 하기 때문이다.

(5) 우엉이나 연근을 조릴 때 식초를 넣으면 맑고 깨끗하게 조려진다.

식초는 재료의 색을 변하지 않게 해줄 뿐만 아니라 연근의 끈적끈적한 성분을 약화시켜 주기도 한다.

6. 찜하기

1 찜하기의 원리 및 요령

(1) 물이 끓으면 찜통 안은 수증기로 채워지고 이 뜨거운 증기에 의해 음식은 골고루 익게 된다. 찜요리 중의 하나인 달걀찜을 보면 찌는 도중 강하게 가열하면 달걀의 응고가 갑작스럽게 이루어지기 시작한다. 달걀속의 수분은 끓을 때 기포가 되어 굳기 시작한 달걀 속에서 터져 공포(空抱)를 만들고 가열을 계속하면 달걀찜에 구멍이 뚫리게 되므로 처음은 중불에서, 끓기 시작하면 약한 불에서 익혀야 고운 요리가 될 수 있다.

(2) 군만두나 익히기 어려운 재료, 도톰한 재료를 구울 때 겉은 타고 속은 익지 않은 채로 있게 된다. 이러한 경우 어느 정도 구워져서 표면이 먹음직스러운 빛깔을 내면 냄비나 프라이팬에 물을 끼얹고 뚜껑을 덮어 증기로 익히면 속까지 완전히 익게 된다. 이런 방법 즉, 굽기와 찌기 두가지 방법으로 조리하는 것을 찜구이라고 한다.

(3) 재료는 물이 끓을 때 넣는다. 고온에서 가열해서는 안 되는 달걀요리 같은 경우에는 예외지만 대개의 경우는 물이 끓어서 김이 오를 무렵에 넣는 것이 바람직하다. 처음부터 넣어두면 수증기가 재료의 표면에서 식어 물방울이 되므로 습기가 차서 음식이 질퍽하게 된다.

(4) 찜요리를 할 때 찜솥의 물 분량은 물 넣는 부분의 70~80% 가량 넣는 것이 적당하다. 이보다 물을 많이 부으면 물이 끓을 때 올라와서 식품을 젖게 하여 요리의 맛을 빼앗기게 된다. 반대로 물이 너무 적으면 식품이 다 익기도 전에 물이 졸아서 중간에 물을 더 부어야 하는데 이때는 끓는 물을 부어주어 온도차가 나지 않도록 해야한다.

(5) 음식을 찌는 도중에 생기는 수증기는 식어서 물방울로 변하여 떨어진다. 일반적으로 흔히 쓰이는 금속제 그릇은 습기를 흡수하지 못하므로 깨끗한 헝겊을 덮어 수분이 음식으로 떨어지지 않도록 배려하고 조리 도중 뚜껑을 열지 않도록 한다.

(6) 저온 가열이 필요할 때는 뚜껑을 비스듬히 덮어서 수증기가 조금 새어 나가게 하여 내부의 온도를 낮춰 주도록 한다.

7. 건식품 취급 요령(말리기와 불리기)

1 말리기

(1) 시래기

무청을 데쳐서 말리는 것인데 배추로도 만든다(시금치나 양배추도 가능하다). 잎을 깨끗이 씻은 다음 넉넉한 물에 소금을 넣고 살짝 데쳐서 물기를 뺀다(이때 물에 헹구지 않고 그대로 식힌다). 물이 빠지면 끈으로 엮어 바람이 잘 통하는 그늘에 매달아 1주일쯤 말린다.

(2) 무말랭이

무를 썰어(채썰기, 막대썰기, 은행잎썰기, 통썰기 등) 통풍이 잘 되는 곳에 펼쳐 놓고 말리며 가끔 뒤집어 주어야 한다.

(3) 산나물

쌀뜨물을 준비한 다음 산나물을 넣고 조금 끓여서 체에 건진다. 쌀뜨물을 사용하는 것은 산나물의 아린맛을 우려내기 위함이며 말릴 때는 가끔 뒤집어 주어야 한다.

(4) 표고버섯

되도록 크기가 비슷한 것을 고르도록 하고 표고버섯의 먼지를 털고 꼭지 부위에 실을 꿰어 하나씩 연결한 다음 통풍이 잘 되는 곳에 비를 맞지 않게 그늘에서 1~2주간 말린다. 실에 꿰어서 말리는 것이므로 실로 매달아 달그락거리는 소리가 나도록 바싹 말린다.

(5) 호박

두께가 4mm정도가 되게 통썰기 하여 실에 꿴 다음 통풍이 잘 되는 그늘에 매달아 말린다.

(6) 생선류

깨끗하게 손질한 다음 생선은 배를 갈라서 한 장으로 편 다음 소금을 뿌린다. 추운 겨울 대관령 같은 고지대에서 생선을 건조시키는 것을 생각해 보면 알 수 있듯이 저온 건조한 바람에 말리는 것이 가장 이상적이다.

2 불리기

(1) 표고버섯

물에 씻은 다음 미지근한 물을 넉넉히 붓고 1시간 이상 불려야 제 맛이 난다. 줄기를 눌러 보아 딱딱한 것이 없어야 잘 불려진 것이다. 급할 때는 꼭지부터 따서 미지근한 물에 담가 설탕을 약간 넣으면 빨리 불려지며 맛도 좋다.

(2) 미역

미역은 3~5월 사이에 채취된 것이 가장 질이 좋다. 건미역은 물에 담가 5분쯤 불리고 잘 씻은 다음 질긴 줄기는 떼어낸다. 미역으로 초무침을 하고 싶을 때는 더운 물에 잠시 담갔다가 식초물에 씻으면 맛이 있다.

(3) 호박

말린 호박을 물에 씻은 후 소금을 뿌려 가볍게 비빈 다음 소금기를 씻어내고 물에 4~5분 동안 담가둔다. 바싹 마른 것은 먼저 미지근한 물로 비벼 씻은 다음 소금을 뿌리고 다시 한 번 비벼 씻어서 체에 건져 둔다.

(4) 고사리

먼지를 씻고 나서 70℃정도의 따뜻한 물을 넉넉히 준비하여 뚜껑을 덮어 둔다. 물이 식으면 다시 따뜻한 물을 부어 덮어 두는 과정을 2~3회 반복한다. 이런 과정에서 어느 정도 부드러워진 고사리에 다시 물을 붓고 삶아낸 다음 찬물에 헹구어 건진다.

(5) 무말랭이

그릇에 담고 물을 부어 2~3분 동안 비벼 씻은 다음 가볍게 흔들어 체에 건지면 밑에 먼지와 모래가 가라앉는다. 그런 다음 다시 물을 넉넉히 붓고 불린다. 불리는 시간을 단축하고자 할 때는 미지근한 물에 10분 정도 불린 후 헹구어 건진다.

(6) 시래기

대충 헹구어 20~30분간 불린 다음 15분 정도 삶는다. 시래기는 다른 건재료와는 달리 삶아

내어도 충분히 불려지지 않고 씁쓸한 맛이 남게 된다. 따라서 시래기를 삶아낸 다음 다시 물에 담가두면 질기고 씁쓸한 맛이 제거된다.

(7) 콩류(豆類)

검은색이나 붉은색 계통의 콩종류는 그대로 씻어서 삶으면 충분히 물러지지만 흰콩은 하룻밤 물에 불려 삶아서 사용해야 한다. 검은콩을 불리는 다른 방법으로는 콩 1컵을 씻어서 물 3컵, 소금 1/3큰술을 섞은 물에 하룻밤 동안 담가두었다가 조리하기도 한다.

(8) 말린 생선

대구나 명태 등을 말리는 데는 오랜 시간이 걸리기 때문에 그동안 지방산이 산화되어서 특유의 떫은맛이 생긴다. 하지만 말린 생선을 쌀뜨물에 담가 불리면 떫은맛이 없어진다.

(9) 말린 해삼

기름기가 없고 깨끗한 냄비에 해삼을 넣고 물을 넉넉히 부어 10분 정도 끓인 다음 불을 끄고 그 물에 담근채로 하룻밤정도 두었다가 다시 같은 방법을 2번 반복하여 창자를 빼고 다시 불에 올려 끓기 직전까지 뜨겁게 하였다가 불을 끈다. 이런 과정을 5~6회 반복하여 끓인다. 그런데 같은 과정을 거치더라도 빨리 불려지는 것이 있으므로 먼저 불은 것은 골라낸다. 일단 불린 해삼은 찬물에 담가두거나 오래 보관할 때는 물에 담근채 냉동시켜 보관한다.

제4장 한식의 각종 식재료 및 조미료와 고명

1. 육류

1 소고기의 부위별 선택법 및 조리 지식

좋은 고기를 고르려면 우선 절단면을 살펴본다. 절단면의 결이 곱고 윤기가 있으며 선홍색을 띤 것이 신선하고 연하며 맛이 좋은 고기이다. 품질 좋은 고기는 썬 직후에 다소 어두운 적색을 띠지만 공기와 접촉함으로써 보다 선명한 붉은 빛을 더해간다. 이것은 근육조직의 성분이 공기에 닿아 산화작용을 일으키기 때문이며 이 작용이 둔화됨에 따라 고기의 빛깔은 암적색으로 변하게 된다. 얇게 썰어진 고기를 사면 고기의 겹쳐진 부분이 암적색인 경우가 있는데 이것은 공기와 접하지 않은 부분이 변색되지 않았기 때문이다.

색깔이 희끄무레하고 붉은기가 적은 것은 맛이 덜하고 반대로 지나치게 짙은 것은 늙은 소이거나 건강 상태가 나쁜 소의 고기일 경우가 많으므로 피하는 것이 좋다. 황소보다는 암소 고기가, 늙은 소보다는 어린 소의 고기가 연하고 맛이 좋으며 보통 3~5세 정도의 소고기가 좋다.

지방질은 유백색을 띠며 적당하게 연하고 탄력 있는 것이 좋은 것이다. 이런 고기는 보리류를 주로 하는 배합사료로 공들여 사육된 소에서 얻을 수 있다. 빛깔은 희지만 질긴 기름기가 붙은 고기나 수입 소고기에서 볼 수 있는 기름기가 노란 빛깔을 띤 것도 좋은 것은 아니다. 이런 고기는 목초를 주 사료로 하여 사육된 소의 고기로서, 조리중에 불쾌한 냄새가 나는 수가 있다.

(1) 안심

채끝살 안쪽에 붙은 연한 고기로 결이 곱고 부드러워 맛이 있는 고기이다. 그러나 소한마리에 안심은(3kg~5kg) 소량이다. 안심을 이용한 요리는 불고기, 소금구이 등의 구이 요리에 적합하다.

(2) 채끝살

등심과 이어진 부위의 고기로 안심을 애워싸고 있다. 고기가 연하고 맛이 좋아 전골, 구이 등에 적합하다.

(3) 장정육, 양지육

어깨를 중심으로 한 부위의 고기여서 비교적 운동량이 많은 근육이 모여 있는 부분이다. 그 때문에 힘줄이나 막이 많아서 육질은 질기나 맛이 진한 장점이 있다. 편육, 탕, 조림 등 오래 가열하는 요리에 적합하다.

(4) 소머리

목부분의 살로서 운동량이 많은 부위여서 육질이 거칠고 질기지만 맛은 진하다. 다른 부위의 고기와 함께 다져서 요리하면 좋다. 오랫동안 끓이며 진한 육수를 낼 수 있어 편육이나 조림에 이용된다.

(5) 등심

갈비의 위쪽에 붙은 살로서 안심, 채끝살과 함께 최상급 고기이며, 육질이 곱고 연하며 붉은 살코기에 지방질이 적당히 섞여 있어 맛이 좋다. 구이, 전골 등에 쓰인다.

(6) 우둔살, 홍두깨살

채끝살에 이어지는 엉덩이 부위의 고기로서 비교적 기름기가 적으며 고깃결이 곱고 부드럽다. 장조림, 포, 탕, 육회 등에 쓰인다.

(7) 대접살

허벅지 부분 고기로 기름기가 적어 칼로리가 낮다. 조림, 포, 구이 등에 적합하다.

(8) 사태

소다리의 오금에 붙은 고기로서 가장 힘줄이 많고 질긴 부위이다. 그러나 젤라틴질이 많이 함유되어 있어 장시간 가열하면 연해진다. 이러한 특징을 살려 찜, 전골, 탕, 편육 등 오랫동안 푹 고는 요리에 이용된다.

(9) 업진육

어깨 부분의 갈비 바깥쪽 살과 양쪽을 이어주는 배쪽의 살이 있는데 육질에는 별 차이가 없고 근육층에 기름기가 붙어 있는 것이 특징이다. 기름기가 많고 맛이 진하며 육질은 거칠고 질기다. 오랫동안 끓이는 찜, 탕 등의 요리에 적합하다.

(10) 중치육

허벅지 바깥쪽 부위의 고기로 운동량이 많아 결이 거칠고 질긴 것이 특징이다. 기름기가 적으면서도 짙은맛을 내어 국, 편육, 조림 등에 이용한다.

(11) 소꼬리

소 한 마리에 꼬리의 무게는 약 1.5kg이며 오랫동안 푹 고아 탕이나 찜으로 이용된다.

(12) 소의 내장의 선별법

내장은 부패하기 쉬우므로 신선해야 한다는 것이 제일 중요하며 윤기와 탄력성이 있고 빛깔이 선명한 것을 선택하도록 한다. 푸르스름하게 변색되어 있거나 냄새가 강한것, 피가 배어 있는 것은 피한다.

① 간

무게는 3.6kg~4kg으로 큰 소의 간보다 송아지의 간이 더 연하고 맛이 좋다. 일반적으로 내장에는 특유한 냄새가 있으므로 물에 씻어 우유에 담그거나 포도주, 후추, 생강, 파, 마늘 등을 이용하면 좋다.

② 우설(혀)

1개의 무게는 보통 1.2kg~2kg, 육질은 질긴 편이며 조리하는데 시간을 요한다. 표면의 거친 껍질은 삶아서 제거한 다음 조리한다. 찜 편육 등에 이용한다.

③ 위

소의 위는 4개가 있는데 이중 식용인 것은 제1위~제3위이며 특히 제3위는 천엽이라 한다. 상당히 질기기 때문에 오래 삶아서 사용하며, 양념구이나 탕, 전골, 볶음, 전 등에 이용한다. 천엽은 회로도 이용한다.(끓는 물에 살짝 데쳐 검은 막을 벗겨서 사용하기도 한다)

④ 염통

1개의 무게는 2~2.5kg으로 특유의 냄새가 있으므로 마늘, 후추 등의 향신료를 듬뿍 쳐서 조리한다. 바깥쪽의 지방층을 제거한 다음 반으로 갈라 흰 힘줄을 제거한 후 냉수에 담가 피를 뺀 다음에 조리하며 소금구이, 양념구이, 볶음요리에 적합하다.

⑤ 콩팥

무게는 700~800g으로 내장 중에서 맛이 비교적 순한 편이며 특히 송아지의 것이 연하고 맛이 있다. 반으로 잘라 속의 하얀 힘줄을 제거한 다음 냉수에 담가서 피를 뺀다. 얇게 썰어서 소금구이, 양념구이 등에 이용한다.

(13) 소의 부위별 명칭 및 용도

①	소머리 : 찜, 편육	⑨	사 태 : 국, 찜
②	장정육 : 편육, 탕, 조림	⑩	업 진 : 찜
③	등 심 : 구이, 전골	⑪	대접살 : 포, 회
④	갈 비 : 구이, 탕	⑫	중치살 : 국, 편육
⑤	안 심 : 구이, 볶음	⑬	홍두깨살 : 국, 장조림
⑥	채끝살 : 찜	⑭	소꼬리 : 탕, 찜
⑦	우 둔 : 육포, 회, 장조림	⑮	우 족 : 편육, 족탕
⑧	양 지 : 편육	⑯	도가니 : 탕

2 돼지고기의 부위별 선택법 및 조리 지식

지방질, 색상, 고기의 결이 가장 중요한 포인트이다. 색은 담회홍색인 것이 최상급이다. 보기에 곱고 엷은 윤기가 있는 핑크색의 고기이다. 단, 볼기나 어깨 등 운동량이 많은 부위의 근육은 약간 진한 핑크색을 띠는데 지나치게 짙은 것은 늙은 돼지의 고기이므로 피하는 것이 좋다. 지방질의 색깔은 하얗고 질감은 약간 끈끈하여 칼에 묻어나는 정도가 좋으며 또 윤기가 있는 것이 좋은 것이다.

노르스름한 색을 띠거나 손으로 눌러보아 탄력이 없는 것은 질기고 맛이 없다. 고기의 결은 곱고 매끈하며 탄력 있는 것이 품질이 좋은 고기이며 이런 고기는 아주 연하다. 일반적으로 고깃결은 운동량이 많은 근육이 거칠고 갈비같이 몸의 중심 부분에 가까운 부위일수록 고깃결이 곱다.

(1) 돼지고기 조리 지식

① 기생충 감염의 우려가 있으므로 완전히 익혀야 하며 편육을 할 때 삶는 도중 찔러보아 맑은 즙이 나오면 익은 것이다.

② 구이를 할 때는 처음에는 센불에서 고기의 양면을 노릇노릇하게 구워 맛있는 육즙이 흘러나오지 않게 한 후 약한 불에서 뚜껑을 덮고 서서히 익힌다. 편육의 경우도 끓는물에 고기를 넣어 표면을 응고시킨 후 삶아야 고기가 맛있다.

③ 돼지의 지방은 열에 잘 녹아 음식의 맛을 떨어지게 하므로 두꺼운 지방층은 미리 제거하고 조리해야 맛있는 요리가 된다.

④ 돼지고기의 냄새를 없애려면 술, 생강, 후추 등을 사용하거나 고추장, 고춧가루 등 진한 양념을 하면 효과적이다. 예를 들면 돼지고기 양념구이를 할 경우 우선 술, 생강즙, 후추에 충분히(2시간 정도)재워 두었다가 고추장 혹은 고춧가루를 포함하여 마늘 등 갖은 양념을 하여 구우면 냄새도 안 나고 풍부한 맛을 즐길 수 있다.

(2) 돼지 내장의 조리 지식

① 혀

한 개의 무게는 100~300g, 껍질을 벗겨서 삶아 얇게 썰어 밑간을 한 다음 양념구이 한다.

② 간

한 개의 무게는 1~1.3kg, 물에 담가서 물이 깨끗해질 때까지 여러번 물을 갈아주면서 핏물을 뺀 후 우유에 넣어 냄새를 제거하기도 한다.

③ 위

고기에 없는 독특한 맛이 있다. 특유한 냄새의 점액이 있으므로 잘 씻은 다음 물에 담가 두었다가 샐러리, 쑥갓, 미나리 등 향미 채소를 넣어 삶은 다음 담궈 둔다. 무침이나 볶음 요리에 이용된다.

④ 염통

중량은 250~300g, 소 염통과 같은 방법으로 손질한 후 넉넉한 물에 삶아서 편육을 만들 수도 있고 채소와 함께 볶아서 별미로 즐길 수도 있다.

⑤ 콩팥

중량은 200~250g, 콩팥을 반으로 잘라 속에 있는 하얀 힘줄을 깨끗하게 제거하고 볶음, 조림, 구이 요리 등에 사용한다.(힘줄을 제거하지 않으면 냄새가 남는다.)

(3) 돼지의 부위별 명칭 및 용도

①	머 리 : 편육	⑤	삼겹살 : 구이, 편육
②	목 살 : 찜, 구이	⑥	뒷다리(볼기) : 조림, 튀김
③	앞다리 : 찌개, 수육	⑦	등 심 : 돈까스, 스테이크
④	갈 비 : 찜, 구이	⑧	안 심 : 탕수육, 구이

3 닭고기의 선택법 및 조리 지식

(1) 선택법

닭고기는 잡은 직후 즉, 신선한 것일수록 맛이 좋은데 소고기나 돼지고기처럼 일정한 숙성 기간을 둘 필요는 없다. 닭고기를 선택할 때는 고기 색깔이 담황색이며 윤기가 있고, 살찌고 탄력이 있는, 그리고 고기와 껍질 사이에 적당히 지방질이 붙어 있는 것을 고르도록 한다. 사육기간은 1년 이하가 연하고 맛이 있는데 고기의 색이 전체적으로 흰 것은 피하고 껍질이 제대로 붙어 있고 썬 단면이 뭉개지지 않고 윤기 있는 것으로 구입한다. 한 마리를 통째로 구입할 때는 가슴 부분이 통통하고 살집 좋은 것을 고른다. 털을 뽑은 뒤 껍질이 투명하고 엷은 상아색의 것이면 신선한 것이다. 그리고 가슴뼈 끝을 만져보아 연골상태로 연한 부분이 많을수록 어린 닭이고 육질도 연하다.

예를 들면, 1kg정도의 닭을 한 마리 사서 손질하면 다리살 230g, 가슴살 200g, 가슴안살 30g, 날개살 70g, 내장 100g, 껍질 90g 정도를 얻을 수 있다.

(2) 조리 지식(부위별 특징과 조리법)

① 통닭

통째로 조리하는 요리에는 삼계탕, 백숙, 통닭찜, 통닭구이 등이 있다. 통닭 요리에는 1.3kg 이하인 4~5개월 정도된 영계로 해야 한다.

② 다릿살

근육의 색이 짙으며 가장 맛있는 부분으로서 모양이 좋아 뼈와 함께 조리한다. 구이, 튀김, 조림, 찜요리에 이용한다.

③ 가슴살

지방이 적어 맛이 담백한 흰 살코기 부위이다. 볶음, 무침, 냉채, 튀김에 적합하다.

④ 날갯살

살은 얼마 안 되지만 맛이 좋아 조림, 구이, 튀김요리에 이용하면 별미이다.

⑤ 발, 목, 뼈

물에 고아서 닭 육수를 만든다.

⑥ 간

소고기 간보다는 연하지만 맛은 좀 떨어진다. 2장으로 되어 있는 중앙부분을 잘라내고, 담낭이 누렇게 변색해 있는 부분을 잘라낸다. 냉수에 30분 쯤 담가 피를 빼고 튀김, 구이, 볶음요리에 사용한다.

⑦ 염통

심근으로 구성되어 있어 씹히는 맛이 독특하다. 길이로 칼집을 넣어 속에 든 피를 훑어내고 힘줄을 제거한다. 구이, 볶음 요리에 사용한다.

⑧ 모래주머니

위의 근육질 부분으로 한가운데의 통통한 부분에 칼집을 넣어 파고, 안쪽의 주름 있는 노란 주머니를 오물과 함께 제거한 다음 사용한다. 날(生)로 먹을 수도 있으나 볶음, 구이, 조림 등에 이용하면 더욱 좋다. 지방질을 제거하고 넉넉한 물로 주물러 씻은 다음 뜨거운 물에 살짝 데쳐서 냄새를 없앤다. 무침, 볶음, 조림요리 등에 적합하다.

(3) 조리의 포인트

① 통째로 묶어 조리할 때

통닭이나 속에 찹쌀, 대추, 밤 등을 넣고 백숙이나 삼계탕 등을 조리할 때는 다리를 위로 모아 굵은 무명실로 묶든지, 한쪽 다리를 반대편 쪽 다리의 껍질에 칼집을 넣어 끼워서 고정시킨 다음 조리하면 모양도 좋고 속의 내용물이 흩어지지 않아서 좋다.

② 오븐이나 프라이팬에 구울 때

굽기 전에 먼저 밑간을 해두는 것이 닭고기의 맛을 담백하고 좋게 할 수 있다. 소금, 후추를 닭 껍질에 골고루 뿌리고 포크나 대나무 꼬챙이로 찔러가며 밑간을 한 다음 구우면 간이 잘 스며들어 맛이 좋다. 냄새를 없애고자 할 때는 밑간을 하기 전에 레몬을 반으로 잘라서 닭의 껍질에 골고루 문지르면 된다. 닭은 너무 익히면 물기가 없고 퍽퍽하며 맛이 없으므로 중불로 익히되 대꼬챙이로 찔러 보아 핏물이 나오지 않으면 익은 것이다.

③ 닭뼈 육수 만들 때

닭뼈를 5~6cm로 잘라 물로 잘 씻은 후 생강을 넣고 물을 부어 불에 올린다. 맑은 육수를 만들기 위해서는 다음 세 가지 사항을 염두해 두어야 한다.

첫째 : 휘젓지 않는다.

둘째 : 거품 찌꺼기를 말끔히 건져 낸다.

셋째 : 약한 불에서 서서히 끓인다.

④ 닭 날개 손질법

닭 날개를 조리할 때는 가느다란 뼈는 떼어내고 굵은 뼈 쪽으로 살코기를 둥글게 모은 후 조리하면 모양도 좋고 먹기도 좋다. 튀김요리, 구이 등에 쓰인다.

⑤ 닭고기의 보관법

닭고기는 수분이 많아서 다른 육류에 비해 변질되는 속도가 빠르므로 되도록 즉시 처리한다. 사용하고 남은 것은 조미료에 재워 냉장고에 보관하거나 싸서 냉동 보관한다. 통째로 구입하였을 경우 내장을 제거한 다음 냉장고에 2~3일 정도 보관이 가능하다. 반드시 내장은 따로 포장하여 분리 보관하여야 한다.

2. 어패류 및 해초류

1 생선류(魚類)

(1) 손질법

생선의 부패는 내장, 아가미 등으로부터 시작된다. 냉동어인 경우는 하루 전에 냉장실에 넣어 자연 해동시키고 급할 때는 비닐로 포장한 상태로 흐르는 물에 담가 두면 빨리 녹는다. 우선 생선을 깨끗이 씻고, 비늘, 아가미, 내장을 제거한다. 그런 다음 묽게 탄 소금물로 뱃속을 중심으로 재빨리 씻고 물기를 없앤다. 용도에 맞게 손질된 생선은 대나무 소쿠리 등 물이 고이지 않는 그릇에 담아둔다. 쟁반 등 물이 고이는 그릇에 생선을 담아두면 생선에서 나온 물이 다시 생선에 잠겨 비린내가 나며, 맛과 신선도가 떨어지게 된다.

(2) 비린내 제거

생선의 밑손질에서 가장 중요한 것은 비린내를 제거하는 일이라 하겠다. 끓는 물을 사용하는 법과 소금을 쓰는 법이 가장 많이 이용되는데 특히 소금을 이용하는 것은 비린내를 없애는 것과 동시에 밑간을 하는 역할, 살을 긴장시켜 생선의 참맛을 내는 역할 등 매우 중요한 작용을 한다.

일반적으로 흰살 생선이나 살이 비교적 단단한 생선은 소금을 뿌려서 잠시 후에 쓰고, 살이 연한 생선, 등푸른 생선은 다소 긴 시간(1시간이상)두어 비린내나 수분을 충분히 제거한 다음 조리를 시작한다.

① 끓는물을 이용한 방법

밑손질을 한 생선을 끓는물을 끼얹어 표면이 희게 되면 곧 얼음물에 담가서 식힌 후 재빨리 물기를 제거한다. 비린내와 함께 표면의 끈적끈적한 점액, 여분의 지방이나 수분이 제거된다.

② 소금 뿌리기

생선구이용 재료에 쓰는 방법으로 소쿠리같이 수분이 빠질 수 있는 평평한 그릇에 생선을 담고 소금을 쥔 손을 좀 높이 들고 전체에 골고루 뿌린다. 흰살 생선이나 포를 뜬 생선은 소금을 적게 뿌리고 푸른빛이 도는 생선이나 살이 두꺼운 생선은 좀 더 뿌린다.

③ 소금물 처리

그릇에 바닷물과 같은 정도의 농도로 소금물을 만들어 생선을 담가두는 방법이다. 포를 뜬 보리멸이나 뱅어와 같이 맛이 섬세한 작은 생선 등에 적합한 방법으로 전체적으로 부드럽게 소금간을 할 수 있고 또 생선의 씹히는 맛을 좋게 하는데 효과적이다.

④ 소금 절이

지방분이 많고 비린내가 강한 생선에 적합한 방법이다. 껍질쪽에는 소금을 넉넉히 뿌려주고(하얗게 덮일 만큼 많이 뿌린다) 안쪽의 포를 뜬 살에 뿌릴 때는 껍질쪽에 뿌린 소금의 1/5정도로 연하게 골고루 뿌려준다. 그릇에 잠시 두었다가 물이나 또는 연한 식초물로 씻어낸 후 조리한다.

(3) 생선류의 조리

① 회

회에는 생회와 숙회가 있다. 생선은 계절에 맞게 종류를 선택한다. 회로 사용하는 생선은 도미, 홍어, 준치, 농어, 새우, 전복, 민어, 장어, 숭어, 광어, 오징어, 문어, 병어 등이 있다.

② 조림

조림은 지방이 적고 근육이 수축하거나 굳지 않은 생선이 적합하다. 조림은 양념간장이 끓을 때 생선을 넣어 조리는 방법과 처음부터 넣어 조리는 방법이 있다. 조리시 생선이 부서지지 않고 원형대로 있어야 하며 비린내도 없어야 하므로 물이 끓을 때 재료를 넣고 생강과 술을 넣고 양념을 한 후 뚜껑을 열고 조리하여 비린내를 제거한다.

③ 구이

담백한 생선이 애용되는데 지방 성분이 많은 꽁치, 아귀, 고등어나 계절 생선인 도미, 조기, 가자미, 농어도 좋다. 조리법은 소금구이, 양념구이, 마른구이 등이 있다.

④ 전

생선을 저며 기름에 지지면 부서지기 쉬우므로 밀가루로 달걀옷을 입혀 약한불에 기름을 조금만 두르고 전을 지진다. 전감의 생선으로는 주로 흰살 생선인 도미, 민어, 광어, 대구, 동태 등을 사용한다.

(4) 오징어, 문어, 낙지, 새우, 게

① 오징어

신선한 것은 등쪽이 흑갈색이며 윤이 나고 몸살이 둥글고 탄력이 있다. 선도가 떨어짐에 따라 하얗게 되며, 더 오래되면 어두운 적갈색을 띄며 탄력을 잃고 축 늘어진다. 밑손질은 몸통과 내장, 발을 분리시키고 특히 발은 모래가 있으므로 소금으로 문질러 씻는다. 몸살은 껍질을 벗겨서 조리하는데 속껍질까지 벗겨서 조리하면 연하다. 오징어 요리는 생회, 숙회, 초고추장 무침, 구이, 찜 등 다양하게 조리할 수 있다.

② 문어, 낙지

이탈리아를 제외한 구미에서는 악마의 동물이라 하여 기피하고 먹지 않으나 우리나라에서는 좋은 식재료로 손꼽는다. 문어와 낙지도 오징어와 선별법은 같으며 조리할 때 머리에 있는 먹물주머니를 터뜨리지 않도록 조심해야 한다. 먹물주머니와 내장을 제거한 후 소금으로 문질러 씻은 다음 낙지는 살짝 데쳐서 쓰고, 문어는 크기에 따라 삶는 시간을 조절한다. 요리로는 회, 초무침, 조림, 숙회, 볶음 등이 있고 말린 문어는 술안주로도 사용한다.

③ 새우, 게

새우는 살아있는 것이 좋지만, 그렇지 않은 경우에는 몸이 투명해 보이고 껍질이 단단한 것을 선택한다. 몸의 색깔이 탁한 것은 오래된 것이므로 피하고, 껍질을 벗겨 머리를 떼고 파는 것도 선도가 떨어진 것일 우려가 있으므로 피한다. 냉동 새우는 표면이 건조하지 않고 색상은 붉은 갈색을 띄지 않는 것을 고른다.

게는 꽃게, 영덕게, 털게, 밤게, 참게 등이 있다. 살아있는 것이 최상이며 그렇지 않을 경우에는 발이 빳빳한 것을 고르고, 손으로 들어 보아서 무거운 것, 손끝으로 발을 눌러보아 탄력이 있고 발이 떨어지지 않은 것이 신선하다. 게를 이용한 요리에는 게찜, 게살전, 꽃게 매운탕 등 다양하다.

2 조개류(貝類)

(1) 피조개, 바지락, 전복

피조개는 껍질 바깥쪽이 흑갈색으로 가느다란 방사맥이 있으며 안쪽은 흰색을 띤다. 성수기는 겨울에서 이른 봄까지인데 산란기는 6~9월이며 산란 직후의 것은 맛이 없다. 손끝으로 만져보아 조개의 살이 오그라드는 것이 싱싱한 것이며 껍질 사이에 칼을 넣고 살을 떼어낸 다음 살과 인대를 잘라 손질하며, 소금물에 씻어서 조리한다. 회, 초무침, 조림, 구이, 전골 등에 사용한다.

바지락은 껍질색이 서식하는 곳에 따라 다르며 겨울에서 이른 봄 사이에 흔하다. 산란기인 6~9월 사이에는 중독 우려가 있으므로 주의한다. 바지락은 된장국이나 찌개에 넣어 맛을 내고 조갯살은 조림, 튀김, 전 등에 쓰인다.

전복은 여름철이 성수기이며 산란기는 11~12월이다. 전복살 밑으로 칼을 넣어 껍질과 붙어 있는 부위를 떼어내고 살에 붙어있는 내장을 도려낸 다음 소금으로 살짝 비벼 씻어 소금물(바닷물 정도)에 담가 놓고 사용한다. 수컷은 암컷에 비해 모양은 작지만 살이 오돌오돌하고 회, 초무침에 적당하며, 암컷은 육질이 연하므로 죽, 조림, 찜, 구이, 전 등의 요리에 적합하다.

(2) 홍합, 패주, 소라

홍합은 겨울에서 이른 봄까지가 성수기이다. 껍질에서 떼어낸 홍합살을 소쿠리에 담고 소금을 뿌려 주물러서 끈끈한 액체가 나오면 흐르는 물에 씻어서 물기를 빼고 끓는 소금물에 살짝 데친다. 검은 실 같은 것을 자르고 속에 있는 창자를 떼어낸 다음 깨끗하게 씻은 후 홍합초, 전, 볶음이나 죽, 국, 젓갈로도 이용한다.

패주는 황백색이며 몸이 탄력이 있고 단단하게 죄어진 것을 고른다. 먼저 내장을 제거하고 몸살과 날개에 소금을 넣어 비벼 씻은 다음 기둥과 직각이 되게 썰고, 조리시 너무 오래 익히면 질기므로 살짝만 익힌다. 구이, 전, 초무침, 회 등으로 조리한다.

소라는 겨울에서 봄 사이 특히 삼월 초순에 맛이 있다. 조개 입이 탄력이 있고 단단하며 묵직한 것이 좋다. 회, 소라초, 소라구이, 무침, 찜 등에 이용된다.

(3) 가막조개, 대합, 굴

가막조개는 어두운 갈색 또는 흑갈색이며 껍질 전체에 가로 줄무늬가 나있고 크기는 2.5cm 내외이다. 한 겨울과 한 여름이 성수기이며 깨끗한 모래 바닥에 서식하는 것은 껍질색이 밝고, 모래를 많이 품고 있지 않으며 입을 열고 있을 때 손을 대면 재빨리 닫는 것이 신선한 것이다. 흙냄새가 나므로 몇 시간 동안 소금물에 담가두어 모래를 토하게 한 다음 된장국이나 찌개에 사용한다.

대합은 껍질색이 회백갈색이며 적갈색의 무늬가 있고 껍질 안쪽은 희다. 겨울에서 봄까지가 성수기이며 조가비의 입이 꼭 닫혀져 있고 두 개를 마주치면 맑은 소리가 나는 것을 고른다. 큼직한 그릇에 물 5컵, 소금 2작은술 정도의 비율로 섞은 소금물에 대합을 넣고 어두운 곳에 하룻밤 정도 두면 모래를 토해낸다. 그런 다음 소금으로 문질러 씻어서 조리한다. 맑은장국(대합탕), 전골요리, 찌개, 별미탕, 조림, 찜, 전 등에 좋다.

굴은 한겨울이 성수기이며 5~8월경의 산란기에는 중독의 염려가 있으므로 먹지 않도록 한다. 석화는 들어보아 묵직한 느낌이 드는 것을 고르고 껍질을 까놓은 것은 광택이 있는 유백색으로 통통하며 가장자리의 검은 선이 선명한 것이 신선한 것이다. 굴은 소금물로 씻기 전에 무즙을 굴에 넣고 가볍게 비비면 무즙이 검게 되면서 굴이 깨끗해진다. 그런 다음 발이 굵은 바구니나 망에 담아 소금물에 2~3회 흔들어 씻는다. 회, 전골, 굴밥, 젓갈, 전, 튀김, 탕 등으로 쓴다.

3 해초류

(1) 김

성수기는 12월 초부터 3월까지이며 마른 김은 광택이 있는 흑갈색으로 빛을 향해 투시하면 파랗게 보이는 것, 향내 좋은 것을 고르며, 갈색이 도는 것, 지저분한 것, 뻣뻣하고 두께가 고르지 못한 것은 피한다. 햇볕에 쬐면 변색되고 향기도 없어지므로 어두운 곳에서 보관하며 냉장, 냉동실을 이용하면 좋다. 김구이, 김밥, 김무침, 김부각 등 다양하게 조리할 수 있다.

(2) 다시마

채취기는 7월 중순에서 9월 상순이며 살이 두텁고 광택이 있는 것이 상품이다. 다시마는 튀각이나 맛국물, 조림에 이용한다. 조리하기 전 손질은 물에 씻지 말고 적셔서 꼭 짠 깨끗한 행주로 모래를 닦아낸다. 물에 씻으면 다시마의 맛이 빠지며 미끈한 액이 나와 손질하기가 어려우므로 주의한다. 토란국에 넣으면 특유의 향긋한 맛을 즐길 수 있다.

(3) 미역

이른 봄에 채취한 것이 상품이며 일반적으로 3~6월경에 채취한다. 생미역은 선명한 녹색에 반투명한 것이 좋고 마른 미역은 심이 가늘고 광택이 있는 것이 좋다. 마른 미역은 물에 불리면 약 10배로 불어나므로 필요한 양을 감안하여 불린다. 미역국, 미역무침, 미역볶음, 미역쌈, 미역자반, 미역냉국, 초무침 등 조리법이 다양하다.

3. 채소

1 배추

들어보아 묵직하고 속이 차 보이는 것을 고른다. 잎은 살이 얇은 것이 연하고 맛이 있으며 뿌리를 자른 면이 하얀 것이 좋고 배춧잎에 검은 점이 있는 것은 피한다. 주로 김치에 이용하며, 배추속대국, 겉절이, 배춧잎쌈도 있다.

2 무

봄 무나 여름 무는 가늘고 매운 반면 가을 무는 굵고 수분이 많으며 단맛도 있다. 모양이 좋고 색깔이 희며 싱싱한 무청이 달린 것이 좋다. 무는 부위별로 맛이 다르므로 용도에 맞게 사용해야 한다. 잎사귀에 가까운 부위는 매운 맛이 적고, 가운데 부분은 단맛이 있어 무조림, 숙채, 생채 등에 이용하며 끝 부분은 매운맛이 강하므로 김치, 깍두기에 이용한다.

3 우엉

여름에 나오는 햇우엉이 맛이 좋으며 흙이 묻어 있고 모양이 고른 것을 택한다. 너무 굵은 것은 속이 비고 질긴 것이 있으므로 중간 굵기의 것을 고른다. 우엉의 맛과 향기는 껍질 바로 밑에 있으므로 껍질을 벗길 때는 칼등으로 가볍게 긁거나 수세미로 문질러 씻는다. 자른 즉시 식초물에 담가야 색이 변하지 않고, 섬유질이 많은 채소이므로 어슷썰기하면 부드럽게 먹을 수 있으며 채를 썰 때는 약간 굵게 써는 것이 좋다. 물 4컵에 식초 1큰술의 비율로 넣고 삶으면 우엉을 하얗게 삶을 수 있다. 볶기, 찜, 조림, 정과 등에 이용한다.

4 토란

9~10월이 성수기이며, 표면에 묻은 흙을 수세미로 문질러 털어낸 다음 껍질을 깎아서 쓰는데 깎을 때 모가 나게 길이로 깎는다. 작은 햇토란은 젖은 행주로 문지르거나 칼등으로 긁으면 껍질이 쉽게 벗겨진다. 토란에는 특유의 끈적끈적한 점액이 있는데 소금으로 문질러 깨끗이 씻을 수 있고 토란의 떫은맛을 빼기 위해 식초물에 담가 두었다가 쌀뜨물에 삶아서 조리한다.

5 연근

가을에서 겨울에 걸쳐 맛좋은 것이 나온다. 가늘고 긴 연근은 질기고 맛이 없으므로 통통하고 짧으며 곧고 껍질에 상처가 없는 것을 고르는데 8~9월에 나오는 햇연근보다 겨울철의 것이 더 맛있다. 조림, 전, 정과, 튀김 등의 요리에 쓰인다.

4. 버섯, 달걀, 두부

1 버섯류

(1) 표고 버섯

3~5월과 9~10월의 봄, 가을이 제철인데 특히, 봄에 나는 것이 향기가 짙어 좋다. 뒷면이 하얗고 깨끗하게 주름져있고 살이 두툼하며 줄기가 짧은 것이 좋은 것이다. 또 갓이 너무 퍼져 있지 않은 것, 수분을 적당히 머금고 있는 것을 선택한다. 건표고의 경우는 충분히 건조되어 있는 것으로서 윤기가 있고, 표면이 곱고 짙은 황갈색이 도는 것을 선택한다. 전골, 국, 볶음요리, 조림, 찜, 고명으로 빼놓을 수 없는 재료이다.

(2) 팽나무 버섯

　콩나물 모양으로 길쭉하며 갓은 적고 순백색을 띠고 있다. 가을부터 겨울이 제철이며 뿌리가 짙은 갈색으로 변했거나 말라있는 것은 오래된 것이므로 피하고, 수확 후에도 성장을 계속하므로 시간이 지나면 품질이 떨어진다. 씻어두면 곧 색깔이 변하므로 사용할 때까지는 그대로 둔다. 조리법은 물에 가볍게 씻어서 튀김이나 전골, 볶음 등에 이용한다. 너무 지나치게 가열하면 향이 없어지고 질겨지므로 끝 단계에 넣고 살짝 익히는 것이 좋다.

(3) 양송이 버섯

　갓이 두껍고 탄력이 있으며 광택이 나는 것이 좋은 것이다. 싱싱하지 못한 것은 갈색이 나며 미끈미끈하고 썰어보면 줄기가 거무스레한 빛을 낸다. 양송이는 조리후에도 맛이나 향기에 변함이 없으므로 어떤 재료와도 잘 어울린다. 볶음이나 조림을 할 경우는 끓는물에 살짝 데쳐서 수분을 제거한 다음 사용하고, 전골이나 즉석요리에는 생것으로 도톰하게 썰어 이용하며 국고명으로 사용할 때는 얇게 저며서 쓴다.

(4) 자연송이 버섯

　9월 중순부터 하순까지가 성수기이며 갓이 반쯤 펴진 상태로 둥글고 매끄러운 것과 탄력이 있고 검은 빛이 돌지 않는 것을 고른다. 줄기도 통통하고 탄력이 있으며 벌레 먹은 자국이 나지 않은 것이 상품이다.

　조리법은 밑뿌리를 깎듯이 잘라내고 갓이나 줄기가 상하지 않게 깨끗한 행주로 모래흙을 닦아내고 엷은 소금물에 담가 조심스럽게 씻는다. 송이버섯의 풍미를 최대로 살릴 수 있는 조리법은 저온에서 굽는 것이나 찜이나 산적, 전골, 맑은 장국, 송이밥 등을 만들기도 한다.

(5) 목이 버섯

　크고 갈라지지 않은 것을 고른다. 미지근한 물에 부드럽게 불린 후 밑뿌리는 잘라내고 조리한다. 건조한 목이버섯을 불리면 약 10배로 불어난다. 볶음, 전골, 찜요리 등의 부재료로 많이 이용된다.

2 달걀

　달걀은 겉모양이 꺼칠꺼칠하며 흔들어 보아 소리가 나지 않는 것, 불빛에 비추어 보아 투명하며 소금물에 담겼을 때 바닥에 가라앉는 것이 신선한 것이다. 달걀을 깨뜨렸을 때 노른자나 그 주위의 흰자가 탄력 있게 부풀어 오른 것이 신선한 것이고 오래된 것은 흰자가 맥없이 퍼지고, 좀 더 오래된 것은 노른자의 막이 약해져서 흐트러진다. 생선이나 양파 등 향이 강한 재료와 함께 두면 달걀이 그 냄새를 흡수하므로 주의하고, 냉장고 속에서 2주일 동안은 보관할 수 있다. 알찜의 조리시 불을 세게 하면 구멍이 생기므로 처음에는 중불에서 조리하다가 곧 약하게 하여 천천히 익히도록 한다.

노른자가 중앙에 오도록 삶으려면 끓기 시작한 후 2분 정도 저으며 삶는다. 또 삶은 달걀의 껍질이 잘 벗겨지게 삶으려면 센불에서 단시간에 삶아야 하는데 그 이유는 약한불에서 서서히 열을 가하면 흰자위가 천천히 굳어지면서 껍질에 달라 붙어서 찬물에 담그더라도 껍질이 잘 벗겨지지 않기 때문이다. 그러므로 냉장고의 달걀을 곧 삶을때는 더운 물에 5~10분 동안 담가 놓았다가 삶거나 미리 상온에 내어 놓아 찬 기운이 가신 후에 삶으면 껍질이 잘 벗겨진다.

3 두부

콩을 갈아서 끓인 후 즙을 낸 다음 응고제(간수)를 넣고 굳힌 것이 두부이다. 두부는 보통 경두부(보통 두부), 연두부, 순두부로 나뉘어지는데 경두부는 응고제를 넣고 눌러 굳힌 것이고 순두부는 눌러서 굳히지 않은 상태의 것이며, 연두부는 팩에 콩즙과 응고제를 넣고 그대로 가열하여 살균과 동시에 굳힌 것인데 경두부와 순두부의 중간 쯤 굳기의 두부이다. 두부는 수분과 단백질이 많아서 상하기 쉬운 식품이므로 곧 조리하거나 냉장고에서 2일을 넘기지 않도록 해야한다.

5. 조미료와 고명

1 개요

한국 요리에 쓰이는 조미료는 간장, 된장, 고추장, 참기름, 깨소금, 벌꿀, 설탕, 식초, 후추, 겨자, 파, 마늘, 생강 등이 있다. 이러한 조미료 외에도 고명으로 버섯, 실백, 은행, 호도와 달걀로 만드는 여러 모양의 알고명 등은 요리의 시각적 효과를 높이기 위한 장식용으로 많이 쓰이므로 중요시 된다.

2 조미료

(1) 소금의 작용

① 방부 작용을 한다.

② 생선살을 단단하게 한다.

③ 녹황색 채소의 색을 선명하게 한다.

④ 재료가 부드러워지게 한다.

(2) 설탕의 종류와 작용

① 백설탕

조리에 가장 많이 쓰이는 것으로 단맛이 강하고 색이 희며 잘 녹는다.

② 황설탕

연한 황갈색을 띠며 입자는 흰설탕보다 굵다. 당도는 흰설탕보다 낮으며 수정과나 약식 등 색깔을 내야 할 음식에 사용된다.

③ 흑설탕

황설탕보다 색이 진하고 입자가 거칠다. 수정과, 약식이나 제과용으로 쓰인다.

④ 설탕의 일반적 작용

㉠ 수분을 유지시켜 건조되는 것을 막는다.

㉡ 수분을 흡수한다.

㉢ 음식에 단맛을 낸다.

㉣ 신맛, 쓴맛을 약하게 한다.

㉤ 끈기와 광택이 나게 한다.

(3) 식초

① 양조초

초산균을 써서 알코올이나 당분을 발효시켜 만든 식초를 말한다. 청주를 발효시킨 식초, 알코올식초, 맥아식초, 사과식초, 포도식초, 레몬식초 등이 있다.

② 합성초

목재나 석회를 원료로 써서 합성한 빙초산에 물을 타서 묽게 하고 소금과 조미료, 색소 등을 첨가한 것이다. 몹시 자극적인 산미가 그 특징이다.

③ 가공초

양조된 초에 조미료, 향신료 따위를 첨가하여 곧바로 요리에 사용할 수 있도록 한 식초이다.

④ 식초의 작용

㉠ 방부·살균작용을 한다.

㉡ 생선의 살을 단단하게 하며 비린내를 없앤다.

㉢ 식품의 떫은맛을 없앤다.

㉣ 기름이 많은 음식은 식초를 사용하여 음식 맛을 부드럽게 한다.

㉤ 재료를 부드럽게 해준다.

㉥ 자극적인 냄새를 없앤다.

㉦ 음식에 향미를 준다.

㉧ 맛을 조절하며 신맛이 나게 한다.

(4) 기름

① 대두유

가장 수요가 많은 기름이다. 대두를 원료로 하여 만든 식용유로서 가열에 의한 산화가 비교적 빠르고 보존하는 동안 독특한 악취가 생기는 결점이 있다.

② 유채유

불그스름한 색깔을 띠고 있다. 비교적 소화율이 낮은 지방산을 함유하고 있다.

③ 면실유

면화씨를 원료로 쓴 기름인데 원유(原油)는 적갈색이거나 흑색이고 정제하면 황색으로 바뀐다. 대두유보다 안정되어 있어 산화되기 어려운 좋은 질의 기름으로 발연점이 가장 높다.

④ 참기름, 들기름

비타민 E를 많이 함유하고 있어 산화되기 어려운 보존성이 높은 기름이다. 특유한 고소한 맛이 있어 무침요리나 양념요리에 넣는데 여러 가지 양념을 섞을때는 맨 나중에 가열하는 요리에 불에서 내리기 직전에 넣어야 맛을 살릴 수 있다.

(5) 술

① 설탕이나 미림의 대용으로 쓰인다. 콩조림의 경우처럼 설탕을 충분히 써야 할 경우는 무리지만 푸른 채소나 배추를 조리할 때 술을 사용하면 채소 자체의 맛이 한층 부드럽게 살아난다.

② 청주와 물을 같은 비율로 섞은 술물에 말린 생선을 불리면 소금기가 빨리 빠지고 비린내도 없어진다. 또, 찐 생선의 소금기를 뺄 때에도 이런 방법으로 하면 좋다. 냉동 새우의 냄새가 좋지 않을 때도 술물에 설탕을 약간 넣고 새우를 껍질째 담근다. 냄새도 제거되고 맛도 좋아진다.

③ 고기, 내장류의 손질에 쓴다. 최근의 육류, 특히 닭고기는 토실토실하게 살이 쪄 있는 데도 맛이 없다. 이런 경우 포도주에 향초, 향미채소 등을 넣어 하룻밤 재워두면 감칠맛이 더해지며 냄새도 없어진다. 포도주는 고기 종류나 조리법에 따라 다르나 대개 소고기는 적포도주를, 닭고기나 돼지고기에는 백포도주를 사용한다.

④ 맥주는 고기를 연하게 한다. 질긴 고기라도 맥주를 넣고 끓이면 연해지거나 약간 쓴맛과 짙은맛이 가해진다. 이때 쓴맛은 설탕을 약간 넣어 없앤다.

⑤ 육류나 생선을 재료로 한 전골요리에 술을 물과 같은 양으로 배합해서 사용하면 술 냄새가 나지 않고 맛이 부드럽게 잘 어우러지는데 이것은 끓이면 알코올성분이 증발되기 때문이다.

3 고명

(1) 잣(실백)

실백은 통째로 사용하거나 반으로 갈라서 또는 다져서도 쓰는데 이때는 종이를 깔고 잘 드는 칼로 다진다. 칼이 잘 들지 않으면 기름기가 베어나와 덩어리가 생기며 보슬 보슬한 잣소금(잣가루)을 얻기 어렵다.

(2) 은행

은행알이 부서지지 않도록 조심하여 겉껍질을 깨어서 깐 다음 팬에 맑은 기름을 두르고 은행알을 넣어 중불에서 잠깐 볶아 투명하고 파랗게 된 다음 속껍질을 벗겨 이용한다.

(3) 호도

겉껍질은 깨어서 벗기고 따뜻한 물에 10~15분간 담갔다가 속껍질이 약간 불으면 속껍질을 벗긴다.

(4) 표고 버섯

건표고버섯은 불려서 꼭지를 따고 용도에 따라 적당히 썬다. 살이 두꺼운 것을 가늘게 채썰 때는 우선 얇게 저민 다음 채썬다.

(5) 느타리 버섯

건느타리버섯은 깨끗이 씻은 후 끓는 물에 불린 후 주물러 씻어서 씁쓸한 노란물을 말끔히 헹군 다음 꼭 짜서 사용한다. 보통은 칼로 썰지 않고 적당한 크기로 손으로 찢어서 사용한다.

(6) 석이 버섯

따뜻한 물에 담가서 보들보들하게 불려 지면 손바닥이나 굴곡이 있는 면에 놓고 뒷면의 검은 이끼가 벗겨지도록 비벼서 깨끗하게 하고 (소금으로 비벼도 좋다), 다시 깨끗한 물에 헹구어 꼭지를 따고 채를 썰거나 다져서 사용한다.

(7) 알고명 부치기(알지단)

① 달걀을 흰자, 노른자로 나누어 노른자 1개에 약간의 물을 넣어 섞고, 흰자는 그대로 소금 간을 약간 한 다음 각각 잘 저어준다.
② 깨끗한 프라이팬을 약한 불에 올려서 프라이팬이 따끈해지면 기름을 두르고 얇게 펴지도록 바른 후 위에 준비된 달걀을 얇게 펴지도록 부어서 지단을 부친다.
③ 지단을 부쳐 식힌 것을 채로도 썰고 또는 마름모꼴 등으로 썰어 찜, 신선로, 국의 고명으로 사용한다.

(8) 알쌈

소고기를 곱게 다져 양념하여 콩알만큼씩 떼어 둥글게 빚은 후 번철에 지져 소를 만들어 놓는다. 달걀을 풀어 한 숟가락씩 떠서 타원형으로 부친 후 소를 가운데 놓고 반달모양으로 접어 만든다. 신선로, 찜의 고명으로 쓰인다.

(9) 미나리초대

미나리줄기만을 꼬치에 가지런히 꿰어서 밀가루, 달걀물의 순서로 묻혀서 번철에 부쳐서 식힌 후 꼬치를 빼고 마름모꼴이나 골패형으로 썰어 탕, 전골, 신선로 등에 넣는다.

(10) 고기완자

소고기의 살을 곱게 다져서 양념하여 둥글게 빚는다. 때로는 물기를 짠 두부를 으깨어 섞기도 하며 둥글게 빚은 완자는 밀가루, 달걀물의 순서로 옷을 입혀서 번철에 기름을 두르고 굴리면서 고르게 지진다. 면, 전골, 신선로의 웃기로 쓰이며 완자탕의 건더기로도 쓰인다.

(11) 고기고명

소고기는 곱게 다져서 양념을 한 후 볶아서 식힌다. 국수장국이나 비빔국수의 고명으로 쓰기도 하고, 가늘게 채 썬 소고기를 양념하여 볶은 것은 떡국이나 장국수의 고명으로도 쓰인다.

한식조리기능사

비빔밥 • 콩나물밥 • 장국죽 • 국수장국 • 비빔국수 • 칼국수 • 만두국 • 완자탕 • 생선찌개 • 두부젓국찌개
소고기전골 • 두부전골 • 닭찜 • 돼지갈비찜 • 북어찜 • 알찜 • 어선 • 오이선 • 호박선 • 생선전 • 육원전
풋고추전 • 표고전 • 섭산적 • 화양적 • 지짐누름적 • 채소튀김 • 너비아니구이 • 제육구이 • 생선양념구이
북어구이 • 더덕구이 • 두부조림 • 홍합초 • 오징어볶음 • 무생채 • 더덕생채 • 도라지생채 • 겨자채 • 칠절판
탕평채 • 잡채 • 미나리강회 • 육회 • 오이숙장아찌 • 무숙장아찌 • 보쌈김치 • 오이소박이 • 북어보푸라기
화전 • 매작과 • 배숙 • 재료썰기

비빔밥

비빔밥은 고슬고슬한 밥에 여러 가지 나물과 소고기 볶은 것, 튀김, 약고추장을 조화있게 담아 비벼먹도록 만든 것으로, 영양적으로 우수한 일품요리이다. 비빔밥을 한자로 '골동반(骨董飯)' 이라 하는데, 녹색나물과 흰색나물, 갈색의 나물 등 가장 흔하고 맛이 풍부한 제절에 나는 여러 재료가 고루 섞여 있는 밥이라는 뜻이다.

요구사항

1. 채소, 소고기, 황·백지단의 크기는 0.3cm×0.3cm×5cm로 한다.
2. 호박은 돌려깎기하여 0.3cm×0.3cm×5cm로 한다.
3. 청포묵의 크기는 0.5cm×0.5cm×5cm로 한다.
4. 소고기는 고추장 볶음과 고명에 사용하시오.
5. 담은 밥 위에 준비된 재료들을 색 맞추어 돌려 담는다.
6. 볶은 고추장은 완성된 밥 위에 얹어낸다.

수험자유의사항

1. 만드는 순서에 유의하며, 위생과 숙련된 기능평가를 위하여 조리작업 시 맛을 보지 않습니다.
2. 지정된 수험자지참준비물 이외의 조리기구나 재료를 시험장내에 지참할 수 없습니다.
3. 다음 사항은 실격에 해당하여 채점 대상에서 제외됩니다.
   - 위생복, 위생모, 앞치마, 마스크를 착용하지 않은 경우
   - 시험시간 내에 과제 두 가지를 제출하지 못한 경우
   - 문제의 요구사항대로 과제의 수량이 만들어지지 않은 경우
   - 구이를 조림 등으로 조리하여 완성품을 요구사항과 다르게 만든 경우
   - 불을 사용하여 만든 조리작품이 작품특성에 벗어나는 정도로 타거나 익지 않은 경우
   - 해당과제의 지급재료 이외 재료를 사용하거나 석쇠 등 요구사항의 조리기구를 사용하지 않은 경우
   - 지정된 수험자지참준비물 이외의 조리기구를 조리에 사용한 경우
   - 가스레인지 화구 2개 이상(2개 포함) 사용한 경우
   - 시험 중 시설·장비(칼, 가스레인지 등) 사용 시 시험위원 및 타수험자의 시험 진행에 위해를 일으킬 것으로 시험위원 전원이 합의하여 판단한 경우
4. 항목별 배점은 위생상태 및 안전관리 5점, 조리기술 30점, 작품의 평가 15점입니다.

재료 및 분량

- 불린 쌀 ·················· 150g
- 애호박(중 - 길이 6cm) ·········· 60g
- 도라지(찢은 것) ·············· 20g
- 고사리(불린 것) ·············· 30g
- 청포묵(중 - 길이 6cm) ·········· 40g
- 소고기(살코기) ·············· 30g
- 달걀 ····················· 1개
- 건다시마(사방 5cm) ············ 1장
- 식용유 ·················· 30ml
- 소금 ····················· 10g

[약고추장]
고추장 40g, 백설탕 10g, 깨소금 2g, 참기름 2ml, 물 4큰술

[소고기, 고사리 양념장]
진간장 15ml, 백설탕 5g, 파 10g, 마늘 1쪽, 참기름 2ml, 검은 후추, 깨소금 2g

만|드|는|법

1. 청포묵 데칠 물(2컵)을 올린다.
2. 청포묵은 0.5cm×0.5cm×5cm로 채썰어 끓는 물에 투명하게 데친 후 찬물에 헹구어 소금, 참기름으로 무친다.
3. 불린 쌀의 1.1배의 물을 붓고 센불로 끓이다가 중불-약불로 조절해 가며 고슬고슬하게 밥을 짓는다.
4. 도라지는 5cm길이로 자른 후 0.3cm×0.3cm로 채썰어 소금으로 주물러 찬물에 담가 쓴 맛을 제거 한 다음 볶아 준다.
5. 달걀은 황·백으로 분리하여 소금을 넣고 풀어 지단 부쳐 0.3cm×0.3cm×5cm로 썬다.
6. 애호박은 5cm 길이로 자른 후 돌려깍기하여 0.3cm×0.3cm로 채썰어 소금에 절인 다음 수분 제거하여 볶는다.
7. 다시마는 젖은 면보로 잡티를 제거하고 0.5cm로 자른 후 튀겨 키친 타올에 올려 여분의 기름을 제거한다.
8. 고사리는 억센 줄기를 다듬어 5cm 길이로 잘라 양념장에 재웠다가 물을 조금 넣어 부드럽게 볶는다.
9. 소고기는 결대로 5cm 길이로 자른 후 0.3cm×0.3cm로 채썰어 양념하여 볶고, 나머지 1/3의 소고기는 약고추장용으로 다진 후 소고기 양념을 하여 볶는다.
10. 팬에 식용유를 두르고 곱게 다져 양념한 소고기를 볶다가 볼에 고추장(40g), 설탕(10g), 깨소금(2g), 참기름(2g), 물(4큰술) 넣어 풀어 놓은 것을 볶아 약고추장을 만든다.
11. 고슬고슬한 밥 위에 준비한 재료를 색 맞추어 담고 그 위에 다시마와 약고추장을 올린다.

▲ 호박 돌려 깍아 채 썰기

▲ 황·백 지단 동시에 부치기

▲ 약고추장 만들기

▲ 비빔밥 고명 돌려 담기

득점 포인트!

- 밥은 처음엔 센불로 하여 끓으면 중불과 약불을 이용하여 질지 않게 짓는다.
- 모든 재료는 작품의 요구사항대로 썬 후 전처리하여 팬에 익힐 때는 흰색채소 순으로 조리한다.

콩나물밥

콩나물밥은 쌀과 콩나물, 소고기를 넣고 지은 별미밥으로 밥을 지을 때의 물 분량은 콩나물에서 수분이 나오므로 일반적인 쌀밥보다 물을 적게 넣고 밥을 짓는다.

30분

요구사항

1. 콩나물은 꼬리를 다듬고 소고기는 채썰어 간장양념을 하시오.
2. 밥을 지어 전량 제출하시오.

수험자유의사항

1. 만드는 순서에 유의하며, 위생과 숙련된 기능평가를 위하여 조리작업 시 맛을 보지 않습니다.
2. 지정된 수험자지참준비물 이외의 조리기구나 재료를 시험장내에 지참할 수 없습니다.
3. 다음 사항은 실격에 해당하여 채점 대상에서 제외됩니다.
   - 위생복, 위생모, 앞치마, 마스크를 착용하지 않은 경우
   - 시험시간 내에 과제 두 가지를 제출하지 못한 경우
   - 문제의 요구사항대로 과제의 수량이 만들어지지 않은 경우
   - 구이를 조림 등으로 조리하여 완성품을 요구사항과 다르게 만든 경우
   - 불을 사용하여 만든 조리작품이 작품특성에 벗어나는 정도로 타거나 익지 않은 경우
   - 해당과제의 지급재료 이외 재료를 사용하거나 석쇠 등 요구사항의 조리기구를 사용하지 않은 경우
   - 지정된 수험자지참준비물 이외의 조리기구를 조리에 사용한 경우
   - 가스레인지 화구 2개 이상(2개 포함) 사용한 경우
   - 시험 중 시설·장비(칼, 가스레인지 등) 사용 시 시험위원 및 타수험자의 시험 진행에 방해를 일으킬 것으로 시험위원 전원이 합의하여 판단한 경우
4. 항목별 배점은 위생상태 및 안전관리 5점, 조리기술 30점, 작품의 평가 15점입니다.

재료 및 분량

- 불린 쌀 ··· 150g
- 콩나물 ··· 60g
- 소고기(살코기) ······································ 30g

[소고기양념장]
진간장 5ml, 대파(흰 부분 4cm 정도) 1/2토막, 마늘 1쪽, 참기름 5ml

만|드|는|법

① 불린쌀은 깨끗이 씻어서 준비한다.
② 콩나물은 꼬리, 껍질, 상한 부위를 제거하고 깨끗이 씻어 둔다.
③ 파, 마늘은 곱게 다져 간장양념 만든다.
④ 소고기는 결대로 5cm 길이로 자른 후 0.3cm×0.3cm로 채썬 다음 고기 양념장을 넣어 양념한다.
⑤ 냄비에 쌀, 채썬 소고기, 콩나물을 얹고 다시 쌀, 채썬 소고기, 콩나물을 순서에 맞게 얹어 동량의 물을 붓고 처음엔 센불로 끓이다가 중불, 약불로 조절해 가며 고슬고슬한 밥을 짓는다.
⑥ 뜸이 다 들면 콩나물과 소고기가 고루 섞이도록 살살 풀어 밥을 푼다.

▲ 콩나물 다듬기

▲ 고기 채 썰기

▲ 냄비에 겹겹이 쌀과 콩나물, 소고기 앉히기

▲ 완성된 콩나물밥 고르게 풀어 놓기

득점 포인트!

- 밥을 짓는 도중에 뚜껑을 자꾸 열면 콩나물 비린내가 나므로 뜸을 들일 때 주의한다.
- 밥이 질어지지 않도록 하고 밥을 풀 때 콩나물과 소고기를 살살 섞어서 담아야 한다.
- 재료 목록에 콩나물밥에 곁들일 양념간장용 재료가 주어질 경우만 양념간장을 만들어 곁들인다.

장국죽

장국죽은 불린 쌀을 싸라기 쌀로 빻아 다진 소고기와 채썬 표고버섯을 양념하여 함께 넣고 끓인 죽이다. 장국죽은 소고기를 넣어 만들므로 맛이 좋고 영양가가 우수하여 회복기의 환자식, 이유식, 노인식으로 좋다.

30분

요구사항

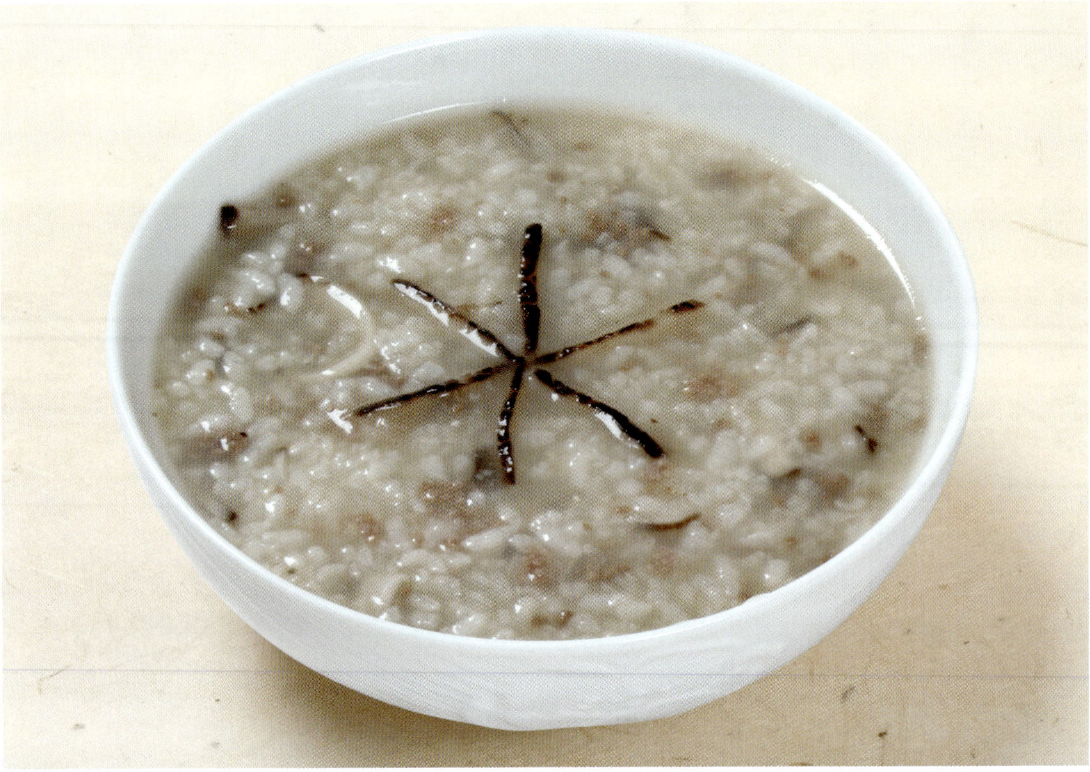

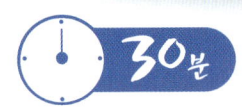

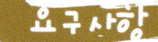

1. 불린 쌀을 반 정도로 싸라기를 만들어 죽을 쑤시오.
2. 소고기는 다지고, 불린 표고버섯은 3cm 정도의 길이로 채 써시오.

수험자유의사항

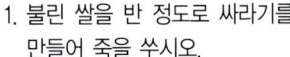

1. 만드는 순서에 유의하며, 위생과 숙련된 기능평가를 위하여 조리작업 시 맛을 보지 않습니다.
2. 지정된 수험자지참준비물 이외의 조리기구나 재료를 시험장내에 지참할 수 없습니다.
3. 다음 사항은 실격에 해당하여 채점 대상에서 제외됩니다.
   - 위생복, 위생모, 앞치마, 마스크를 착용하지 않은 경우
   - 시험시간 내에 과제 두 가지를 제출하지 못한 경우
   - 문제의 요구사항대로 과제의 수량이 만들어지지 않은 경우
   - 구이를 조림 등으로 조리하여 완성품을 요구사항과 다르게 만든 경우
   - 불을 사용하여 만든 조리작품이 작품특성에 벗어나는 정도로 타거나 익지 않은 경우
   - 해당과제의 지급재료 이외 재료를 사용하거나 석쇠 등 요구사항의 조리기구를 사용하지 않은 경우
   - 지정된 수험자지참준비물 이외의 조리기구를 조리에 사용한 경우
   - 가스레인지 화구 2개 이상(2개 포함) 사용한 경우
   - 시험 중 시설·장비(칼, 가스레인지 등) 사용 시 시험위원 및 타수험자의 시험 진행에 위해를 일으킬 것으로 시험위원 전원이 합의하여 판단한 경우
4. 항목별 배점은 위생상태 및 안전관리 5점, 조리기술 30점, 작품의 평가 15점입니다.

재료 및 분량

- 불린 쌀 ······································ 100g
- 소고기(살코기) ···························· 20g
- 건표고버섯(지름 5cm, 물에 불린 것) ······· 1장
- 참기름 ······································ 10ml
- 진간장 ······································ 10ml
- 대파(흰부분 4cm) ·························· 1토막
- 마늘 ··· 1쪽
- 깨소금 ······································ 5g
- 검은후춧가루 ······························· 1g
- 국간장 ······································ 10ml

만|드|는|법

① 불린 쌀은 건져 절구나 두꺼운 그릇, 비닐팩을 이용하여 2~3쪽의 싸라기 쌀이 되도록 빻는다.

② 불린 표고버섯은 3cm로 채썰고, 소고기는 곱게 다진 후 각각 양념장에 재운다.

③ 냄비에 참기름(5ml)을 두르고 양념한 소고기와 표고버섯, 빻은 쌀을 순서대로 넣어 볶는다.

④ 쌀 분량의 6배 물을 붓고 센 불에서 끓이다가 불을 줄여 쌀알이 퍼질 때까지 눋지 않도록 가끔씩 저어 주고 거품을 제거하며 끓인다.

⑤ 충분히 끓여 쌀알이 퍼지면 제출하기 직전에 국간장으로 색 내고 간을 맞추어 그릇에 담아낸다.

▲ 비닐팩, 밀대 이용 싸라기쌀 만들기

▲ 고기 다지고 표고버섯 채 썰기

▲ 냄비에 다진 고기, 표고버섯, 쌀 순서로 볶기

득점 포인트!

- 건 표고버섯은 뜨거운 물에 설탕을 넣고 불리면 빨리 부드러워진다. 생 표고버섯이 주어지면 끓는 물에 데쳐서 기둥을 떼어내고 사용하며 두꺼우면 포를 떠서 가늘게 채썬다.
- 소고기와 표고버섯 양념에 설탕을 사용하지 않으며, 다진 고기를 볶을 때는 덩어리 지지 않도록 약불에서 볶는다.

▲ 죽 재료 어우러지게 끓이기

완자탕

완자탕은 고기 완자를 기름 두른 팬에 익혀 기름을 제거하고 소고기 장국에 넣고 끓여 그릇에 담고 달걀지단을 띄운 맑은 국이다. 민가에서는 모리라고 하여 모리탕, 궁중에서는 완자를 봉오리라 하여 봉오리탕이라 불렀다 한다.

요구사항

1. 완자는 직경 3cm 정도로 6개를 만들고, 국 국물의 양은 200ml 정도로 제출하시오.
2. 달걀은 지단과 완자용으로 사용하시오.
3. 고명으로 황·백지단(마름모꼴)을 각 2개씩 띄우시오.

수험자유의사항

1. 만드는 순서에 유의하며, 위생과 숙련된 기능평가를 위하여 조리작업 시 맛을 보지 않습니다.
2. 지정된 수험자지참준비물 이외의 조리기구나 재료를 시험장내에 지참할 수 없습니다.
3. 다음 사항은 실격에 해당하여 채점 대상에서 제외됩니다.
   - 위생복, 위생모, 앞치마, 마스크를 착용하지 않은 경우
   - 시험시간 내에 과제 두 가지를 제출하지 못한 경우
   - 문제의 요구사항대로 과제의 수량이 만들어지지 않은 경우
   - 구이를 조림 등으로 조리하여 완성품을 요구사항과 다르게 만든 경우
   - 불을 사용하여 만든 조리작품이 작품특성에 벗어나는 정도로 타거나 익지 않은 경우
   - 해당과제의 지급재료 이외 재료를 사용하거나 석쇠 등 요구사항의 조리기구를 사용하지 않은 경우
   - 지정된 수험자지참준비물 이외의 조리기구를 조리에 사용한 경우
   - 가스레인지 화구 2개 이상(2개 포함) 사용한 경우
   - 시험 중 시설·장비(칼, 가스레인지 등) 사용 시 시험위원 및 타수험자의 시험 진행에 위해를 일으킬 것으로 시험위원 전원이 합의하여 판단한 경우
4. 항목별 배점은 위생상태 및 안전관리 5점, 조리기술 30점, 작품의 평가 15점입니다.

재료 및 분량

- 소고기(사태부위) ·········· 20g
- 소고기(살코기) ·········· 50g
- 두부 ·········· 15g
- 달걀 ·········· 1개
- 밀가루 ·········· 10g
- 대파(흰 부분 2cm) ·········· 1토막
- 마늘 ·········· 2쪽
- 국간장 ·········· 5ml
- 식용유 ·········· 20ml
- 소금 ·········· 7g
- 키친타올 ·········· 1장

[소고기와 두부양념]
소금 3g, 마늘 1쪽, 대파(흰부분 1cm) 1토막, 참기름 5ml, 깨소금 5g, 백설탕 5g, 검은 후추 2g

만|드|는|법

❶ 소고기 중 사태육은 핏물을 제거하고 덩어리째 찬물에 넣고 끓인 다음 면보에 걸러 국간장으로 색을 내고 소금으로 간을 맞추어 육수를 만든다. 살코기는 곱게 다진다.

❷ 두부는 체에 내려 면보에 감싼 후 물기를 제거하고 마늘과 파는 곱게 다진다.

❸ 다진 고기와 두부에 양념하여 끈기가 생기도록 치대어 직경 3cm의 동그란 모양의 완자를 빚는다.

❹ 빚은 완자에 밀가루와 달걀을 입혀 기름 두른 팬에 굴려가며 익힌 다음 키친타올 위에 올려 기름기를 제거한다.

❺ 달걀은 황·백으로 분리하여 지단을 부친 후 2cm×2cm의 마름모꼴로 썬다.

❻ 육수가 끓으면 완자를 넣고 거품을 거두어내며 약한 불로 끓여 완자를 그릇에 담는다.

❼ 육수를 면보에 걸러 완자 담은 그릇에 1컵 정도 붓고 황·백 지단을 고명으로 얹어 낸다.

▲ 육수 만들기

▲ 직경 3cm의 완자 빚기

▲ 빚은 완자 밀가루에 굴리기

▲ 달걀 입힌 완자 굴리면서 익히기

득점 포인트!

- 달걀이 1개 주어지므로 황·백지단용과 완자지지기용으로 나누어 사용해야 한다.
- 완자를 팬에서 익힐 때 기름이 많으면 완자가 잘 구르지 않고 표면이 거칠어진다.
- 익혀낸 완자는 반드시 키친타올 위에 올려 기름기를 제거해야 한다.

생선찌개

생선찌개는 고추장을 풀어 끓인 찌개국물에 무, 호박, 고추, 쑥갓 등의 채소를 순서에 맞게 넣어 얼큰하게 끓여낸 음식이다. 생선찌개는 충분히 끓여야하고 고추장의 사용량이 많으면 시원한 맛보다 국물이 진하고 텁텁한 맛이 강해지기 때문에 고춧가루를 섞어서 사용한다.

요구사항

1. 생선은 4~5cm 정도의 토막으로 자르시오.
2. 무, 두부는 2.5cm×3.5cm×0.8cm로 써시오.
3. 호박은 0.5cm 반달형, 고추는 통 어슷썰기, 쑥갓과 파는 4cm로 써시오.
4. 고추장, 고춧가루를 사용하여 만드시오.
5. 각 재료는 익는 순서에 따라 조리하고, 생선살이 부서지지 않도록 하시오.
6. 생선머리를 포함하여 전량 제출하시오.

수험자유의사항

1. 만드는 순서에 유의하며, 위생과 숙련된 기능평가를 위하여 조리작업 시 맛을 보지 않습니다.
2. 지정된 수험자지참준비물 이외의 조리기구나 재료를 시험장내에 지참할 수 없습니다.
3. 다음 사항은 실격에 해당하여 채점 대상에서 제외됩니다.
   - 위생복, 위생모, 앞치마, 마스크를 착용하지 않은 경우
   - 시험시간 내에 과제 두 가지를 제출하지 못한 경우
   - 문제의 요구사항대로 과제의 수량이 만들어지지 않은 경우
   - 구이를 조림 등으로 조리하여 완성품을 요구사항과 다르게 만든 경우
   - 불을 사용하여 만든 조리작품이 작품특성에 벗어나는 정도로 타거나 익지 않은 경우
   - 해당과제의 지급재료 이외 재료를 사용하거나 석쇠 등 요구사항의 조리기구를 사용하지 않은 경우
   - 지정된 수험자지참준비물 이외의 조리기구를 조리에 사용한 경우
   - 가스레인지 화구 2개 이상(2개 포함) 사용한 경우
   - 시험 중 시설·장비(칼, 가스레인지 등) 사용 시 시험위원 및 타수험자의 시험 진행에 위해를 일으킬 것으로 시험위원 전원이 합의하여 판단한 경우
4. 항목별 배점은 위생상태 및 안전관리 5점, 조리기술 30점, 작품의 평가 15점입니다.

재료 및 분량

- 동태(300g 정도) ··················· 1마리
- 무 ······························· 60g
- 애호박 ···························· 30g
- 두부 ······························ 60g
- 풋고추 ····························· 1개
- 홍고추(생) ·························· 1개
- 쑥갓 ······························ 10g
- 실파(2뿌리) ······················ 40g

[양념]
고추장 30g, 고춧가루 10g, 마늘 2쪽, 생강 10g, 소금 10g

만|드|는|법

1. 쑥갓은 깨끗이 씻은 후 찬물에 담구어 싱싱하게 하고 고춧가루를 불린다.
2. 냄비에 물(3컵) 붓고 물이 끓으면 고추장과 무를 2.5cm×3.5cm ×0.8cm로 썰어 끓인다.
3. 두부는 2.5cm×3.5cm×0.8cm 썰고 호박은 0.5cm 두께의 반달형 또는 은행잎 모양으로 썬다.
4. 홍고추, 풋고추 어슷썰어 씨를 제거 하고 실파, 쑥갓은 4cm 길이로 썬다. 마늘과 생강은 곱게 다진다.
5. 동태는 비늘을 긁어내고 아가미와 지느러미를 제거하고, 내장을 손질하여 5cm 길이로 토막낸다.
6. 무가 반쯤 익으면 생선을 넣고 충분히 끓인다.
7. 거품을 제거하며 끓이다 호박과 고춧가루 불린 것을 넣고 다시 끓이다가 생강과 마늘, 두부, 홍고추, 풋고추 넣고 끓여 소금으로 간을 한다.
8. 끓일 때 거품을 걷어내며 끓이다가 마지막으로 쑥갓과 실파를 넣는다.
9. 그릇에 생선이 부서지지 않도록 담고 건더기의 양이 국물의 2/3정도 되도록 한다.

▲ 생선의 아가미와 내장 제거하기

▲ 손질된 찌개 재료

▲ 찌개 국물 끓으면 무 넣기

▲ 거품 제거하며 찌개 끓이기

득점 포인트!

- 찌개는 건더기와 국물의 비율이 2:3이 되도록 담아 국물이 자작하게 한다.
- 동태의 머리는 주둥이를 약간 잘라내고 아가미를 제거하며 생선 내장은 먹는 부분과 버리는 부분을 골라 깨끗하게 준비하여 사용한다.
- 호박이 굵으면 4등분하여 은행잎 썰기를 한다.

두부젓국찌개

두부젓국찌개는 두부, 굴, 새우젓국, 다홍고추, 실파, 마늘을 이용하여 끓여낸 맑은 찌개이다. 굴은 "바다에서 나는 우유"라는 별명이 있을 정도로 독특한 향기와 맛이 있는 비타민과 미네랄의 보고이다. 5, 6, 7, 8월에는 산란기간으로 영양분도 줄어들고 맛과 상태가 안 좋으므로 식용을 삼가 한다.

요구사항

1. 두부는 폭과 길이가 2cm×3cm, 두께가 1cm 되도록 써시오.
2. 홍고추는 0.5cm×3cm, 실파는 3cm길이로 써시오.
3. 간은 소금과 새우젓으로 하고 국물을 맑게 만드시오.
4. 찌개의 국물은 200ml 이상 제출하시오.

수험자유의사항

1. 만드는 순서에 유의하며, 위생과 숙련된 기능평가를 위하여 조리작업 시 맛을 보지 않습니다.
2. 지정된 수험자지참준비물 이외의 조리기구나 재료를 시험장내에 지참할 수 없습니다.
3. 다음 사항은 실격에 해당하여 채점 대상에서 제외됩니다.
   - 위생복, 위생모, 앞치마, 마스크를 착용하지 않은 경우
   - 시험시간 내에 과제 두 가지를 제출하지 못한 경우
   - 문제의 요구사항대로 과제의 수량이 만들어지지 않은 경우
   - 구이를 조림 등으로 조리하여 완성품을 요구사항과 다르게 만든 경우
   - 불을 사용하여 만든 조리작품이 작품특성에 벗어나는 정도로 타거나 익지 않은 경우
   - 해당과제의 지급재료 이외 재료를 사용하거나 석쇠 등 요구사항의 조리기구를 사용하지 않은 경우
   - 지정된 수험자지참준비물 이외의 조리기구를 조리에 사용한 경우
   - 가스레인지 화구 2개 이상(2개 포함) 사용한 경우
   - 시험 중 시설·장비(칼, 가스레인지 등) 사용 시 시험위원 및 타수험자의 시험 진행에 위해를 일으킬 것으로 시험위원 전원이 합의하여 판단한 경우
4. 항목별 배점은 위생상태 및 안전관리 5점, 조리기술 30점, 작품의 평가 15점입니다.

재료 및 분량

- 두부 ··········· 100g
- 생굴 ··········· 30g
- 실파(1뿌리) ······ 20g
- 홍고추(생) ······ 1/2개
- 새우젓 ··········· 10g
- 마늘 ············ 1쪽
- 참기름 ·········· 5ml
- 소금 ············ 5g

만|드|는|법

① 냄비에 물(2컵)과 소금을 넣고 심심하게 간하여 끓인다.
② 두부는 폭과 길이가 3cm×2cm, 두께가 1cm 되도록 썰어 찬물에 살짝 씻고, 실파는 3cm 길이로 썰고, 홍고추는 3cm×0.5cm로 썬다.
③ 굴은 껍질을 골라내고 엷은 소금물에 씻어 체에 받친다.
④ 마늘은 다지고 새우젓도 다져서 젓국물 만든다.
⑤ ①의 냄비에 두부, 굴, 마늘, 새우젓국물 넣고 거품을 거두며 끓이다가 실파, 홍고추 순서로 넣고 살짝 끓인 다음 참기름 넣어 그릇에 담는다.

▲ 볼에 굴과 소금을 넣고 씻기

▲ 새우젓 다지기

▲ 물에 두부, 굴 순서로 넣어 끓이기

득점 포인트!
- 새우젓은 국물만 사용하고 두부는 규격에 맞게 자른 후 물에 살짝 헹구어 두부가루를 제거하여 끓여야 국물이 맑고 깨끗하다.
- 실파나 홍고추를 넣고 오래 끓이지 않는다.

▲ 참기름 넣기

생선전

생선전은 흰살 생선을 포 떠서 소금 후추를 뿌린 후 밀가루, 달걀 순으로 입혀 지져낸 음식이다. 흰살생선의 지방함유율은 3~4%로 불포화 지방산이 많고 콜레스테롤이 적어 성인병 예방에 좋으며 광어, 동태, 가자미, 대구 등이 전감으로 이용된다.

요구사항

1. 생선은 0.5cm×5cm×4cm로 만드시오.
2. 달걀은 흰자, 노른자를 혼합하여 사용하시오.
3. 생선전은 8개 제출하시오.

수험자유의사항

1. 만드는 순서에 유의하며, 위생과 숙련된 기능평가를 위하여 조리작업 시 맛을 보지 않습니다.
2. 지정된 수험자지참준비물 이외의 조리기구나 재료를 시험장내에 지참할 수 없습니다.
3. 다음 사항은 실격에 해당하여 채점 대상에서 제외됩니다.
   - 위생복, 위생모, 앞치마, 마스크를 착용하지 않은 경우
   - 시험시간 내에 과제 두 가지를 제출하지 못한 경우
   - 문제의 요구사항대로 과제의 수량이 만들어지지 않은 경우
   - 구이를 조림 등으로 조리하여 완성품을 요구사항과 다르게 만든 경우
   - 불을 사용하여 만든 조리작품이 작품특성에 벗어나는 정도로 타거나 익지 않은 경우
   - 해당과제의 지급재료 이외 재료를 사용하거나 석쇠 등 요구사항의 조리기구를 사용하지 않은 경우
   - 지정된 수험자지참준비물 이외의 조리기구를 조리에 사용한 경우
   - 가스레인지 화구 2개 이상(2개 포함) 사용한 경우
   - 시험 중 시설·장비(칼, 가스레인지 등) 사용 시 시험위원 및 타수험자의 시험 진행에 위해를 일으킬 것으로 시험위원 전원이 합의하여 판단한 경우
4. 항목별 배점은 위생상태 및 안전관리 5점, 조리기술 30점, 작품의 평가 15점입니다.

재료 및 분량

- 동태(400g) ·················· 1마리
- 밀가루(중력분) ················ 30g
- 달걀 ························· 1개
- 식용유 ······················ 50ml
- 소금 ························ 10g
- 흰 후추 ······················ 2g

만|드|는|법

① 생선은 비늘, 내장, 지느러미, 머리, 뼈를 제거한 다음 물기를 닦고 3장뜨기 한다.

② 꼬리쪽을 왼쪽, 껍질이 바닥에 가도록 도마에 놓고 꼬리쪽에 칼집을 넣어 조금 떠서 왼손으로 껍질을 잡아 당기고 칼든 오른손을 앞으로 밀어 껍질을 제거한다.

③ 껍질을 벗긴 생선을 세로 6cm, 가로 5cm, 두께 0.5cm로 8개의 포를 떠서 소금, 흰 후추를 뿌린다.

④ 소금과 후추의 맛이 배어들면 생선에 밀가루와 달걀 순서로 옷을 입혀 기름 두른 팬에 노릇하게 지져준다.

⑤ 익힌 생선전의 기름을 제거하고 8개를 담는다.

▲ 뼈와 살을 분리하기

▲ 생선의 껍질 제거하기

▲ 생선 포 뜨기

▲ 달걀물 입혀 지져주기

득점 포인트!

- 전을 지질 때 안쪽을 먼저 지져야 모양이 반듯해지고 불이 세면 달걀옷만 타므로 약불에서 노릇노릇하게 지진다.
- 달걀의 흰자를 2큰술 정도 덜어내어 사용하면 노른자의 비율이 많아져 전의 색이 노릇하고 예쁘다.

육원전

육원전은 곱게 다진 소고기와 물기를 꼭 짠 두부에 갖은 양념을 하여 끈기 있게 치 댄 후 둥글 납작하게 빚어 지져낸 음식이다. 옛날 돈처럼 생겼다고 하여 "돈전" 또는 "완자전"이라고도 한다.

요구사항

1. 전의 크기는 지름 4cm, 두께 0.7cm 정도가 되도록 하시오.
2. 달걀은 흰자, 노른자를 혼합하여 사용하시오.
3. 육원전 6개를 제출하시오.

수험자유의사항

1. 만드는 순서에 유의하며, 위생과 숙련된 기능평가를 위하여 조리작업 시 맛을 보지 않습니다.
2. 지정된 수험자지참준비물 이외의 조리기구나 재료를 시험장내에 지참할 수 없습니다.
3. 다음 사항은 실격에 해당하여 채점 대상에서 제외됩니다.
   - 위생복, 위생모, 앞치마, 마스크를 착용하지 않은 경우
   - 시험시간 내에 과제 두 가지를 제출하지 못한 경우
   - 문제의 요구사항대로 과제의 수량이 만들어지지 않은 경우
   - 구이를 조림 등으로 조리하여 완성품을 요구사항과 다르게 만든 경우
   - 불을 사용하여 만든 조리작품이 작품특성에 벗어나는 정도로 타거나 익지 않은 경우
   - 해당과제의 지급재료 이외 재료를 사용하거나 석쇠 등 요구사항의 조리기구를 사용하지 않은 경우
   - 지정된 수험자지참준비물 이외의 조리기구를 조리에 사용한 경우
   - 가스레인지 화구 2개 이상(2개 포함) 사용한 경우
   - 시험 중 시설·장비(칼, 가스레인지 등) 사용 시 시험위원 및 타수험자의 시험 진행에 위해를 일으킬 것으로 시험위원 전원이 합의하여 판단한 경우
4. 항목별 배점은 위생상태 및 안전관리 5점, 조리기술 30점, 작품의 평가 15점입니다.

재료 및 분량

- 소고기(살코기) ····················· 70g
- 두부 ························· 30g
- 달걀 ························· 1개
- 밀가루(중력분) ······················ 20g
- 식용유 ······················· 30ml

[소고기 두부양념]
소금 5g, 대파(흰 부분 4cm정도) 1토막, 마늘 1쪽, 깨소금 5g, 참기름 5ml, 검은 후추 2g, 백설탕 5g

만|드|는|법

① 두부는 체에 내린 후 면보에 감싸서 수분을 제거한다.
② 파, 마늘은 곱게 다진다.
③ 소고기는 핏물, 기름기, 힘줄을 제거하고 곱게 다져 두부와 함께 양념하여 끈기있게 치댄다.
④ 지름 4.5cm, 두께 0.5cm로 6개의 완자를 빚어 밀가루를 입힌다.
⑤ 달걀을 풀어 ④의 완자에 입힌 후 약불에서 속까지 완전히 익도록 노릇하게 지져낸다.
⑥ 익힌 육원전의 기름기를 제거하고 6개를 담아낸다.

▲ 체에 두부 내리기

▲ 준비된 육원전 재료 볼에 담기

▲ 완자 빚은 것에 밀가루 입히기

득점 포인트!
- 완자를 지질 때 익으면서 가운데가 볼록 해지므로 가운데를 살짝 눌러준다.
- 달걀의 흰자를 2큰술 정도 덜어내어 사용하면 노른자의 비율이 많아져 전의 색이 노릇하고 예쁘다.

▲ 팬에 완자 넣고 익히기

풋고추전

풋고추전은 풋고추를 반으로 갈라서 작은 스푼을 이용하여 씨를 털어내고 데친 후 양념한 소를 채우고 고운색이 나도록 팬에 지져낸 음식이다. 고추는 비타민 A와 C의 함량이 높고 위액분비를 촉진하며 특히, 전은 향과 질감이 고기의 맛과 조화를 이루어 그 맛이 뛰어나다.

 25분

요구사항

1. 풋고추는 먼저 5cm 정도의 길이로 소를 넣고 지져 내시오.
2. 풋고추는 잘라 데쳐서 사용하며 완성된 풋고추전은 8개를 제출하시오.

수험자유의사항

1. 만드는 순서에 유의하며, 위생과 숙련된 기능평가를 위하여 조리작업 시 맛을 보지 않습니다.
2. 지정된 수험자지참준비물 이외의 조리기구나 재료를 시험장내에 지참할 수 없습니다.
3. 다음 사항은 실격에 해당하여 채점 대상에서 제외됩니다.
   - 위생복, 위생모, 앞치마, 마스크를 착용하지 않은 경우
   - 시험시간 내에 과제 두 가지를 제출하지 못한 경우
   - 문제의 요구사항대로 과제의 수량이 만들어지지 않은 경우
   - 구이를 조림 등으로 조리하여 완성품을 요구사항과 다르게 만든 경우
   - 불을 사용하여 만든 조리작품이 작품특성에 벗어나는 정도로 타거나 익지 않은 경우
   - 해당과제의 지급재료 이외 재료를 사용하거나 석쇠 등 요구사항의 조리기구를 사용하지 않은 경우
   - 지정된 수험자지참준비물 이외의 조리기구를 조리에 사용한 경우
   - 가스레인지 화구 2개 이상(2개 포함) 사용한 경우
   - 시험 중 시설·장비(칼, 가스레인지 등) 사용 시 시험위원 및 타수험자의 시험 진행에 위해를 일으킬 것으로 시험위원 전원이 합의하여 판단한 경우
4. 항목별 배점은 위생상태 및 안전관리 5점, 조리기술 30점, 작품의 평가 15점입니다.

재료 및 분량

- 풋고추(길이 11cm 이상) ·········· 2개
- 소고기(살코기) ····················· 30g
- 두부 ···································· 15g
- 밀가루(중력분) ······················ 15g
- 달걀 ····································· 1개
- 식용유 ································· 20ml

[소고기 두부 양념장]
소금 5g, 대파(흰 부분 4cm) 1토막, 마늘 1쪽, 깨소금 5g, 참기름 5ml, 검은 후추 1g, 백설탕 5g

만|드|는|법

① 풋고추 데칠 물(2컵 정도)을 올린다.

② 풋고추는 5cm 길이로 8개 만들어, 길이로 반 갈라 씨 제거하고 소금물에 살짝 데쳐 찬물에 헹궈 물기를 제거한다.

③ 파, 마늘은 곱게 다지고 두부는 체에 내려 면보에 감싸서 물기를 제거한다.

④ 소고기는 핏물, 기름기, 힘줄을 제거한 후 곱게 다져 ③의 두부와 함께 갖은 양념하여 끈기 있게 치댄다.

⑤ 데쳐 식힌 풋고추 안쪽에 밀가루 입히고 소를 편편하게 꼭꼭 채운다.

⑥ 소를 넣은 쪽에 밀가루와 달걀물을 입혀 노릇하게 지진 다음 꺼내기 직전에 파란쪽도 뒤집어 살짝 한번 지져서 그릇에 8개를 담아낸다.

▲ 풋고추 길이로 2등분하기

▲ 끓는 엷은 소금물에 고추 데치기

▲ 고추에 소 채우기

- 풋고추 안쪽에 밀가루를 바른 후 소를 풋고추 높이 만큼 채워야 익혔을 때 튀어나오지 않아 예쁘다.
- 완성된 풋고추전의 고추가 파랗고 면이 깨끗하도록 풋고추의 등쪽에는 밀가루와 달걀물이 묻지 않도록 한다.

▲ 소 채운 고추에 달걀물 입히기

표고전

표고버섯전은 부드럽게 불린 표고버섯의 기둥을 떼고 잔 칼집을 넣어 유장처리 후 갓의 안쪽에 소를 넣어 지진 음식이다. 표고버섯에는 독특한 감칠맛을 내는 구아닐산이 많이 들어 있어 혈액의 콜레스테롤을 낮추는 작용이 있어 심장병환자나 고혈압 환자에게 좋다.

요구사항

1. 표고버섯과 속은 각각 양념하시오.
2. 완성된 표고버섯전은 5개를 제출하시오.

수험자유의사항

1. 만드는 순서에 유의하며, 위생과 숙련된 기능평가를 위하여 조리작업 시 맛을 보지 않습니다.
2. 지정된 수험자지참준비물 이외의 조리기구나 재료를 시험장내에 지참할 수 없습니다.
3. 다음 사항은 실격에 해당하여 채점 대상에서 제외됩니다.
   - 위생복, 위생모, 앞치마, 마스크를 착용하지 않은 경우
   - 시험시간 내에 과제 두 가지를 제출하지 못한 경우
   - 문제의 요구사항대로 과제의 수량이 만들어지지 않은 경우
   - 구이를 조림 등으로 조리하여 완성품을 요구사항과 다르게 만든 경우
   - 불을 사용하여 만든 조리작품이 작품특성에 벗어나는 정도로 타거나 익지 않은 경우
   - 해당과제의 지급재료 이외 재료를 사용하거나 석쇠 등 요구사항의 조리기구를 사용하지 않은 경우
   - 지정된 수험자지참준비물 이외의 조리기구를 조리에 사용한 경우
   - 가스레인지 화구 2개 이상(2개 포함) 사용한 경우
   - 시험 중 시설·장비(칼, 가스레인지 등) 사용 시 시험위원 및 타수험자의 시험 진행에 위해를 일으킬 것으로 시험위원 전원이 합의하여 판단한 경우
4. 항목별 배점은 위생상태 및 안전관리 5점, 조리기술 30점, 작품의 평가 15점입니다.

재료 및 분량

- 건표고버섯(불린것) ····················· 5개
- 소고기(살코기) ··························· 30g
- 두부 ··· 15g
- 밀가루(중력분) ···························· 20g
- 달걀 ··· 1개
- 식용유 ······································· 20ml

[표고버섯유장양념]
진간장 5ml, 백설탕 3g, 참기름 3ml

[소고기 두부양념]
소금 5g, 대파(흰 부분 4cm) 1토막, 마늘 1쪽, 깨소금 5g, 참기름 2ml, 검은 후추 1g, 백설탕 2g

만|드|는|법

① 뜨거운 물(1컵)에 설탕(1큰술)을 넣어 불린 표고버섯을 담근다.
② 파, 마늘은 곱게 다지고 두부는 체에 내려 면보에 감싸서 물기를 제거한다.
③ 소고기는 핏물, 기름기, 힘줄을 제거한 후 곱게 다져 ②의 두부와 함께 갖은 양념하여 끈기있게 치댄다.
④ 부드럽게 불려진 표고버섯은 기둥을 떼고 물기를 꼭 짠 후 안쪽에 잔 칼집을 넣고 간장, 설탕, 참기름으로 밑간을 한다.
⑤ 표고버섯 안쪽에 밀가루를 묻히고 ③의 소를 넣은 다음 소가 들어간 쪽에만 다시 밀가루를 바른다.
⑥ 흰자를 약간 덜어내고 풀어놓은 달걀물을 입혀 약불에서 지진 후 뒤집어서 버섯의 등쪽도 지져 익혀준다.
⑦ 완성된 표고버섯전을 그릇에 담는다.

▲ 불린 표고에 칼집 넣기

▲ 유장 만들기

▲ 유장 처리한 표고에 소 넣기

득점 포인트!
- 표고버섯의 색깔을 잘 살릴 수 있도록 표고버섯의 등쪽에는 밀가루와 달걀이 묻지 않도록 한다.
- 표고버섯의 높이만큼 소를 꼭꼭 채워야 지졌을 때 예쁘다.

▲ 팬에 표고 뒤집어 가며 익히기

섭산적

섭산적은 곱게 다진 우둔육과 두부를 함께 양념하여 끈기 있게 치댄 후 0.7cm 두께 정도의 네모모양의 반대기를 만들어 구운 산적을 먹기 좋게 썰어 담은 음식이다. 섭산적은 간장, 설탕, 물을 넣어 윤기나게 조린 것을 장산적이라 하여 밑반찬으로 이용하면 좋다.

요구사항

1. 고기와 두부의 비율을 3:1 정도로 하시오.
2. 다져서 양념한 소고기는 크게 반대기를 지어 석쇠에 구우시오.
3. 완성된 섭산적은 0.7cm×2cm×2cm로 9개 이상 제출하시오.

수험자유의사항

1. 만드는 순서에 유의하며, 위생과 숙련된 기능평가를 위하여 조리작업 시 맛을 보지 않습니다.
2. 지정된 수험자지참준비물 이외의 조리기구나 재료를 시험장내에 지참할 수 없습니다.
3. 다음 사항은 실격에 해당하여 채점 대상에서 제외됩니다.
   • 위생복, 위생모, 앞치마, 마스크를 착용하지 않은 경우
   • 시험시간 내에 과제 두 가지를 제출하지 못한 경우
   • 문제의 요구사항대로 과제의 수량이 만들어지지 않은 경우
   • 구이를 조림 등으로 조리하여 완성품을 요구사항과 다르게 만든 경우
   • 불을 사용하여 만든 조리작품이 작품특성에 벗어나는 정도로 타거나 익지 않은 경우
   • 해당과제의 지급재료 이외 재료를 사용하거나 석쇠 등 요구사항의 조리기구를 사용하지 않은 경우
   • 지정된 수험자지참준비물 이외의 조리기구를 조리에 사용한 경우
   • 가스레인지 화구 2개 이상(2개 포함) 사용한 경우
   • 시험 중 시설·장비(칼, 가스레인지 등) 사용 시 시험위원 및 타수험자의 시험 진행에 위해를 일으킬 것으로 시험위원 전원이 합의하여 판단한 경우
4. 항목별 배점은 위생상태 및 안전관리 5점, 조리기술 30점, 작품의 평가 15점입니다.

재료 및 분량

- 소고기(살코기) ················· 80g
- 두부 ···························· 30g
- 잣 ······························ 10개
- A4용지 ························· 1장
- 식용유 ·························· 30ml

[소고기 두부양념]
소금 5g, 대파(흰 부분, 4cm) 1토막, 마늘 1쪽, 백설탕 10g, 검은 후추 2g, 깨소금 5g, 참기름 5ml

만 | 드 | 는 | 법

❶ 파, 마늘은 곱게 다지고 두부는 체에 내려 면보에 감싸서 물기를 제거한다.

❷ 소고기는 핏물, 기름기, 힘줄을 제거한 후 곱게 다져 ❶의 두부와 함께 갖은 양념하여 끈기 있게 치댄다.

❸ 양념하여 끈기 있게 치댄 고기를 두께 0.7cm, 사방 7.5cm 길이로 네모지게 반대기를 만들어 가로, 세로로 잔 칼집을 넣는다.

❹ 석쇠에 식용유를 발라 달군 후 반대기를 놓고 타지 않게 굽는다.

❺ 잣은 고깔을 떼어내고 종이 위에서 기름기가 제거되도록 고슬고슬하게 다진다.

❻ 구운 섭산적이 완전히 식으면 9조각이 되도록 사방 6cm 길이로 자른 후 2cm×2cm로 썰어 모양 그대로 접시에 담은 후 잣가루를 얹어낸다.

▲ 준비된 모든 재료 양념하여 치대기

▲ 잣가루 만들기

▲ 고기 반대기에 칼집 넣기

득점 포인트!
- 곱게 다진 소고기와 두부의 배합비가 적당해야 하며 끈기 있게 치대야 매끄럽고 부서지지 않아 구웠을 때 색이 예쁘다.
- 반대기를 만들 때 도마에 참기름을 바르고 모양을 만들면 편리하다.

▲ 석쇠위에 올려 고기 익히기

화양적

화양적은 소고기, 도라지, 표고버섯, 당근, 오이 등 식재료의 특색에 맞게 익혀서 색을 맞추어 꿴 적이다. 적은 육류, 버섯류, 채소류 등을 꼬치에 꽂아 요리한 음식을 뜻하며 크게 산적과 누름적으로 나눠진다.

요구사항

1. 화양적은 0.6cm×6cm×6cm 로 만드시오.
2. 달걀노른자로 지단을 만들어 사용하시오.
   (단, 달걀흰자 지단을 사용하는 경우 실격 처리 됩니다.)
3. 화양적은 2꼬치를 만들고 잣가루를 고명으로 얹으시오.

수험자유의사항

1. 만드는 순서에 유의하며, 위생과 숙련된 기능평가를 위하여 조리작업 시 맛을 보지 않습니다.
2. 지정된 수험자지참준비물 이외의 조리기구나 재료를 시험장내에 지참할 수 없습니다.
3. 다음 사항은 실격에 해당하여 채점 대상에서 제외됩니다.
   • 위생복, 위생모, 앞치마, 마스크를 착용하지 않은 경우
   • 시험시간 내에 과제 두 가지를 제출하지 못한 경우
   • 문제의 요구사항대로 과제의 수량이 만들어지지 않은 경우
   • 구이를 조림 등으로 조리하여 완성품을 요구사항과 다르게 만든 경우
   • 불을 사용하여 만든 조리작품이 작품특성에 벗어나는 정도로 타거나 익지 않은 경우
   • 해당과제의 지급재료 이외 재료를 사용하거나 석쇠 등 요구사항의 조리기구를 사용하지 않은 경우
   • 지정된 수험자지참준비물 이외의 조리기구를 조리에 사용한 경우
   • 가스레인지 화구 2개 이상(2개 포함) 사용한 경우
   • 시험 중 시설·장비(칼, 가스레인지 등) 사용 시 시험위원 및 타수험자의 시험 진행에 방해를 일으킬 것으로 시험위원 전원이 합의하여 판단한 경우
4. 항목별 배점은 위생상태 및 안전관리 5점, 조리기술 30점, 작품의 평가 15점입니다.

재료 및 분량

- 소고기(살코기) ·············· 50g
- 건표고버섯(지름 5cm, 물에 불린것) ·············· 1개
- 당근 ·············· 50g
- 오이 ·············· 1/2개
- 통도라지 ·············· 1개
- 달걀 ·············· 2개
- 잣 ·············· 10개
- 소금 ·············· 5g
- 식용유 ·············· 30ml
- 산적꼬치 ·············· 2개

[양념장]
진간장 5ml, 대파(흰 부분 4cm) 1토막, 마늘 1쪽, 백설탕 5g, 참기름 5ml, 깨소금 5g, 검은 후추 2g

만|드|는|법

1. 냄비에 도라지, 당근 데칠 물(3컵 정도)을 올린다.
2. 오이는 소금으로 비벼 씻은 후 6.5cm 길이로 썰고 폭 1cm, 두께 0.6cm로 썰어 소금에 절인다.
3. 통도라지는 껍질을 벗기고 6.5cm 길이로 썰고 폭 1cm, 두께 0.6cm로 썰어 소금물에 담그어 쓴맛을 뺀다.
4. 당근은 껍질을 벗기고 길이 6.5cm, 폭 1cm, 두께 0.6cm로 썰어 소금물에 도라지와 함께 데쳐 찬물에 헹구어 식혀 물기를 뺀다.
5. 표고버섯은 뜨거운 설탕물에 불려 부드러워지면 기둥을 떼어내고 6.5cm 길이로 썰고 폭 1cm, 두께 0.6cm 되게 손질한다.
6. 소고기는 0.6cm 두께로 썬 후 잔 칼집을 앞뒤로 넣어 길이 8cm, 폭 1cm 되게 자른 후 표고버섯과 함께 양념에 재운다.
7. 달걀노른자로 황색지단을 만들어 폭 1cm, 두께 0.6cm가 되도록 썬다.
8. 팬에 식용유를 두르고 도라지, 오이, 당근, 표고버섯, 소고기 순서로 볶아낸다.
9. 산적꼬치에 볶은 재료를 색을 맞추어 끼워 꼬치 양쪽이 1cm 정도 남도록 정리한다.
10. 그릇에 담고 그 위에 잣가루를 뿌려낸다.

▲ 당근 썰기

▲ 소고기 두들겨 펴주기

▲ 전 처리한 재료 팬에 볶기

득점 포인트!
- 고기는 익히면 길이가 수축하므로 2cm 이상으로 더 길게 썰어주고 볶을 때는 줄어들지 않도록 펴서 익힌다.
- 꼬치를 꽂을 때는 재료 위에서 1cm정도 내려와서 꽂는다.

▲ 볶은재료 꼬치에 꿰기

한식조리기능사

지짐누름적

일명 누르미라고도 하는 누름적은 도라지, 당근, 쪽파, 고기, 표고버섯 등으로 꼬치에 색을 맞추어 꿰어 밀가루와 달걀옷을 입혀 팬에 지진 음식이다.

요구사항

1. 각 재료는 0.6cm×1cm×6cm 로 하시오.
2. 누름적의 수량은 2개를 제출하고 꼬치는 빼서 제출하시오.

수험자유의사항

1. 만드는 순서에 유의하며, 위생과 숙련된 기능평가를 위하여 조리작업 시 맛을 보지 않습니다.
2. 지정된 수험자참준비물 이외의 조리기구나 재료를 시험장내에 지참할 수 없습니다.
3. 다음 사항은 실격에 해당하여 채점 대상에서 제외됩니다.
   - 위생복, 위생모, 앞치마, 마스크를 착용하지 않은 경우
   - 시험시간 내에 과제 두 가지를 제출하지 못한 경우
   - 문제의 요구사항대로 과제의 수량이 만들어지지 않은 경우
   - 구이를 조림 등으로 조리하여 완성품을 요구사항과 다르게 만든 경우
   - 불을 사용하여 만든 조리작품이 작품특성에 벗어나는 정도로 타거나 익지 않은 경우
   - 해당과제의 지급재료 이외 재료를 사용하거나 석쇠 등 요구사항의 조리기구를 사용하지 않은 경우
   - 지정된 수험자참준비물 이외의 조리기구를 조리에 사용한 경우
   - 가스레인지 화구 2개 이상(2개 포함) 사용한 경우
   - 시험 중 시설·장비(칼, 가스레인지 등) 사용 시 시험위원 및 타수험자의 시험 진행에 위해를 일으킬 것으로 시험위원 전원이 합의하여 판단한 경우
4. 항목별 배점은 위생상태 및 안전관리 5점, 조리기술 30점, 작품의 평가 15점입니다.

재료 및 분량

- 소고기(살코기) ··············· 50g
- 건표고버섯(지름 5cm, 물에 불린것) ········ 1개
- 당근(길이 7cm) ··············· 50g
- 통도라지(껍질 있는것) ··············· 1개
- 쪽파 ··············· 2뿌리
- 밀가루(중력분) ··············· 20g
- 달걀 ··············· 1개
- 산적꼬치 ··············· 2개
- 식용유 ··············· 30ml
- 소금 ··············· 5g

[소고기양념장]
진간장 10ml, 대파(흰 부분 2cm) 1토막, 마늘 1쪽, 백설탕 5g
참기름 5ml, 깨소금 5g, 검은 후추 2g

만|드|는|법

1. 냄비에 도라지, 당근 데칠 물(3컵 정도) 올린다.
2. 쪽파는 다듬어 6.5cm 길이로 썰어 소금, 참기름에 무친다.
3. 통도라지는 껍질을 벗기고 6.5cm 길이로 썰고 폭 1cm, 두께 0.6cm로 썰어 소금물에 넣어 쓴맛을 뺀다.
4. 당근은 껍질을 벗기고 6.5cm 길이로 썰고 소금물에 도라지와 함께 데쳐 찬물에 헹구어 식힌 후 물기를 뺀다.
5. 표고버섯은 뜨거운 설탕물에 불려 부드러워지면 기둥을 떼어내고 6.5cm 길이로 썰고 폭 1cm, 두께 0.6cm 되게 손질한다. 파와 마늘은 곱게 다져 양념장을 만든다.
6. 소고기는 0.6cm 두께로 썬 후 잔 칼집을 앞뒤로 넣어 길이 8cm, 폭 1cm 되게 자른 후 표고버섯과 함께 양념에 재운다.
7. 팬에 식용유를 두르고 도라지, 당근, 표고버섯, 소고기 순서로 볶아낸다.
8. 산적꼬치에 볶은 재료를 색을 맞추어 끼워 꼬치 양쪽이 1cm정도 남도록 정리한다.
9. 정리한 산적꼬치 윗면엔 밀가루를 살짝 입혀 털어내고, 뒷면엔 넉넉히 입혀서 마지막으로 달걀물을 입히고 약불에서 지져낸 다음 식혀 꼬치를 빼서 담는다.

▲ 6.5cm×1cm×0.6cm로 도라지 썰기

▲ 당근, 도라지 끓는 소금물에 데치기

▲ 누름적 재료 꿰어 밀가루 입히기

득점 포인트!

- 각각의 준비된 재료는 색깔을 조화있게 끼우고 위, 아래를 다듬고 밀가루, 달걀물을 입혀 지져낸 후에는 다듬지 않는다.
- 지짐누름적은 꼬치를 빼서 담는 것이 원칙인데 꼬치를 빼도 서로 떨어지지 않도록 재료 사이사이에 밀가루와 달걀물을 잘 입혀준다.

▲ 밀가루 입힌 꼬치에 달걀물 입히기

너비아니구이

너비아니 구이는 「조선요리제법」에는 우육구이, 「시의전서」에는 너비아니로 기록되어 있고 오늘날 불고기의 원조라 할 수 있다. 소고기는 등심이나 안심을 너붓너붓하게 썰어 너비아니라고 이름이 붙여진 듯하다. 대부분의 사람들이 즐기는 소고기의 단백질에는 성장에 필요한 필수 아미노산이 골고루 들어 있고 간 기능을 보호하고, 기혈을 돕는 성분이 다량 함유되어 있다.

요구사항

1. 완성된 너비아니는 0.5cm× 4cm×5cm, 두께는 로 하시오.
2. 석쇠를 사용하여 굽고, 6쪽을 제출하시오.
3. 잣가루를 고명으로 얹으시오.

수험자유의사항

1. 만드는 순서에 유의하며, 위생과 숙련된 기능평가를 위하여 조리작업 시 맛을 보지 않습니다.
2. 지정된 수험자지참준비물 이외의 조리기구나 재료를 시험장내에 지참할 수 없습니다.
3. 다음 사항은 실격에 해당하여 채점 대상에서 제외됩니다.
   - 위생복, 위생모, 앞치마, 마스크를 착용하지 않은 경우
   - 시험시간 내에 과제 두 가지를 제출하지 못한 경우
   - 문제의 요구사항대로 과제의 수량이 만들어지지 않은 경우
   - 구이를 조림 등으로 조리하여 완성품을 요구사항과 다르게 만든 경우
   - 불을 사용하여 만든 조리작품이 작품특성에 벗어나는 정도로 타거나 익지 않은 경우
   - 해당과제의 지급재료 이외 재료를 사용하거나 석쇠 등 요구사항의 조리기구를 사용하지 않은 경우
   - 지정된 수험자지참준비물 이외의 조리기구를 조리에 사용한 경우
   - 가스레인지 화구 2개 이상(2개 포함) 사용한 경우
   - 시험 중 시설·장비(칼, 가스레인지 등) 사용 시 시험위원 및 타수험자의 시험 진행에 위해를 일으킬 것으로 시험위원 전원이 합의하여 판단한 경우
4. 항목별 배점은 위생상태 및 안전관리 5점, 조리기술 30점, 작품의 평가 15점입니다.

재료 및 분량

- 소고기(안심 또는 등심 덩어리) ·············· 100g
- 배 ································· 1/8개
- 잣 ································· 5개
- 식용유 ···························· 10ml

[소고기양념장]
진간장 50ml, 백설탕 10g, 대파(흰 부분 4cm) 1토막, 마늘 2쪽, 깨소금 5g, 참기름 10ml, 검은 후추 2g

만|드|는|법

1. 파, 마늘 곱게 다진다.
2. 소고기는 핏물을 제거 후 힘줄과 기름을 제거하고 고기 결의 반대 방향으로 크기 5cm×6cm×0.4cm정도로 썰어서 칼등으로 앞뒤를 자근자근 두드린다.
3. 배는 강판에 갈아 즙을 내고 간장, 설탕, 다진 대파, 다진 마늘, 깨소금, 참기름, 후추를 섞어 양념장을 만든다.
4. 양념장에 고기를 1장씩 넣어 고루 양념 맛이 배도록 재워둔다.
5. 잣은 고깔을 떼고 종이 위에서 다져서 고슬고슬한 잣가루를 만든다.
6. 석쇠에 식용유를 발라 달군 후 양념장에 재운 고기를 올려 처음엔 센 불에 구워, 표면은 응고시키고 타지 않게 불 조절하며 윤기나게 굽는다.
7. 접시에 6쪽을 담고 잣가루를 얹어낸다.

▲ 배 강판에 갈아주기

▲ 고기 5cm×6cm로 두들겨 펴기

▲ 간장 양념에 고기 한 장씩 재우기

▲ 석쇠 이용하여 고기 굽기

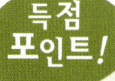

- 고기가 연하도록 자를 때 결의 반대로 잘라서 손질한다.
- 소고기를 구우면 수축이 되어 작아지므로 1cm정도씩 여유있게 잘라 손질한다.

제육구이

제육구이는 돼지고기를 얄팍하게 저며 고추장으로 양념하여 재운 후 석쇠에 구운 음식이다. 돼지고기는 지방분이 많고 동물성식품 중 비타민 B_1이 가장 많이 함유되어 있으며, 굽게 되면 육질이 부드럽고 풍미와 맛이 좋다.

요구사항

1. 완성된 제육은 0.4cm×4cm×5cm 정도로 하시오.
2. 고추장 양념 하여 석쇠에 구우시오.
3. 제육구이는 전량 제출하시오.

수험자유의사항

1. 만드는 순서에 유의하며, 위생과 숙련된 기능평가를 위하여 조리작업 시 맛을 보지 않습니다.
2. 지정된 수험자지참준비물 이외의 조리기구나 재료를 시험장내에 지참할 수 없습니다.
3. 다음 사항은 실격에 해당하여 채점 대상에서 제외됩니다.
   - 위생복, 위생모, 앞치마, 마스크를 착용하지 않은 경우
   - 시험시간 내에 과제 두 가지를 제출하지 못한 경우
   - 문제의 요구사항대로 과제의 수량이 만들어지지 않은 경우
   - 구이를 조림 등으로 조리하여 완성품을 요구사항과 다르게 만든 경우
   - 불을 사용하여 만든 조리작품이 작품특성에 벗어나는 정도로 타거나 익지 않은 경우
   - 해당과제의 지급재료 이외 재료를 사용하거나 석쇠 등 요구사항의 조리기구를 사용하지 않은 경우
   - 지정된 수험자지참준비물 이외의 조리기구를 조리에 사용한 경우
   - 가스레인지 화구 2개 이상(2개 포함) 사용한 경우
   - 시험 중 시설·장비(칼, 가스레인지 등) 사용 시 시험위원 및 타수험자의 시험 진행을 위해를 일으킬 것으로 시험위원 전원이 합의하여 판단한 경우
4. 항목별 배점은 위생상태 및 안전관리 5점, 조리기술 30점, 작품의 평가 15점입니다.

재료 및 분량

- 돼지고기(등심 또는 볼깃살) ··················· 150g
- 식용유 ··· 10ml

[고추장 양념]
고추장 40g, 진간장 10ml, 대파(흰부분 4cm 정도)1토막, 마늘 2쪽, 생강 10g, 백설탕 15g, 깨소금 5g, 검은 후추 2g, 참기름 5ml

만|드|는|법

① 파, 마늘 생강을 곱게 다진 후 고추장, 설탕, 깨소금, 후추, 간장 약간, 물(25ml)을 넣어 양념고추장을 만든다.

② 돼지고기는 기름기와 힘줄을 제거한 후 5cm×6cm×0.4cm로 썰어 잔 칼집을 넣는다.

③ 돼지고기에 양념장을 고르게 발라 양념 맛이 고루 배도록 재워 둔다.

④ 석쇠에 식용유를 발라 달군 후 양념장에 재운 돼지고기를 약간씩 올려 타지 않게 굽고, 거의 다 익으면 양념장을 덧발라 가면서 윤기나게 좀 더 굽는다.

⑤ 구워 익힌 돼지고기를 접시에 전량 담아낸다.

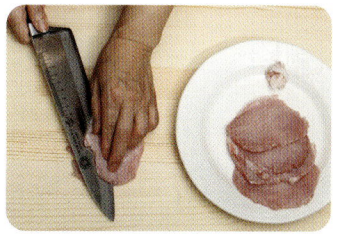
▲ 덩어리 제육 편으로 썰기

▲ 5cm×6cm 자른 후 두드리기

▲ 양념 고추장에 한 장씩 재우기

득점 포인트!

- 양념 고추장에 재운 돼지고기를 굽다보면 겉만 타고 속이 잘 익지 않으므로 불 조절을 잘하여 타지 않게 충분히 익혀낸다.
- 고추장 양념에 들어가는 간장을 많이 사용하면 색이 짙어지므로 약간만 넣는다.

▲ 양념에 재운 제육 석쇠로 굽기

생선양념구이

생선양념구이는 생선을 통째로 손질하여 유장을 발라 초벌구이한 후 고추장 양념을 발라 석쇠에 구운 음식으로 조기, 병어 등이 사용 된다.

요구사항

1. 생선의 머리와 꼬리를 포함하여 통째로 사용하고 내장은 아가미쪽으로 제거하시오.
2. 유장으로 초벌구이를 하고, 고추장 양념으로 석쇠에 구우시오.
3. 생선구이는 머리 왼쪽, 배 앞쪽 방향으로 담아내시오.

수험자유의사항

1. 만드는 순서에 유의하며, 위생과 숙련된 기능평가를 위하여 조리작업 시 맛을 보지 않습니다.
2. 지정된 수험자지참준비물 이외의 조리기구나 재료를 시험장내에 지참할 수 없습니다.
3. 다음 사항은 실격에 해당하여 채점 대상에서 제외됩니다.
   - 위생복, 위생모, 앞치마, 마스크를 착용하지 않은 경우
   - 시험시간 내에 과제 두 가지를 제출하지 못한 경우
   - 문제의 요구사항대로 과제의 수량이 만들어지지 않은 경우
   - 구이를 조림 등으로 조리하여 완성품을 요구사항과 다르게 만든 경우
   - 불을 사용하여 만든 조리작품이 작품특성에 벗어나는 정도로 타거나 익지 않은 경우
   - 해당과제의 지급재료 이외 재료를 사용하거나 석쇠 등 요구사항의 조리기구를 사용하지 않은 경우
   - 지정된 수험자지참준비물 이외의 조리기구를 조리에 사용한 경우
   - 가스레인지 화구 2개 이상(2개 포함) 사용한 경우
   - 시험 중 시설·장비(칼, 가스레인지 등) 사용 시 시험위원 및 타수험자의 시험 진행에 위해를 일으킬 것으로 시험위원 전원이 합의하여 판단한 경우
4. 항목별 배점은 위생상태 및 안전관리 5점, 조리기술 30점, 작품의 평가 15점입니다.

재료 및 분량

- 조기 .... 100~120g 정도
- 소금 20g
- 식용유 10ml

[유장]
참기름 5g, 진간장 2ml

[고추장 양념]
고추장 40g, 백설탕 5g, 대파(흰부분 4cm 정도) 1토막, 마늘 1쪽, 검은 후추 2g, 깨소금 5g, 진간장

만|드|는|법

① 생선은 비늘을 긁고 지느러미와 꼬리의 끝을 다듬은 후 생선 모양을 살려 아가미와 내장을 꺼낸 다음 깨끗이 씻는다.

② 생선의 앞, 뒷면에 1.5cm 간격으로 4번 정도 칼집을 넣어 소금을 뿌려 둔다.

③ 파와 마늘을 곱게 다져 고추장, 설탕, 깨소금, 후추, 참기름, 물을 섞어 고추장 양념을 만든다.

④ 소금에 절인 생선은 물에 살짝 씻어 물기를 닦고 유장을 골고루 바른다.

⑤ 석쇠에 식용유를 발라 달군 후 유장 바른 생선을 올려 초벌구이를 한 다음 고추장 양념을 골고루 발라서 타지 않게 굽는다.

⑥ 충분히 익힌 생선구이를 접시에 담을 때는 머리가 왼쪽, 배가 앞쪽으로 오도록 한다.

▲ 생선의 내장 제거하기

▲ 생선에 칼집 넣기

▲ 생선에 유장 바르기

득점 포인트!
- 생선의 내장을 꺼낼 때 나무젓가락을 아가미에 넣어 생선의 형태가 망가지지 않도록 한다.
- 석쇠를 충분히 달군 후 구어야 생선이 석쇠에 달라붙지 않고 반듯하게 구워진다.

▲ 생선 초벌구이 하기

북어구이

북어는 명태를 건조시킨 것이고 황태는 명태를 겨울에 냉동과 건조를 반복하여 말린 것으로 노란 황색을 띤다. 북어구이는 물에 불려 부드럽게 한 다음 유장을 발라 애벌구이 한 다음 고추장 양념을 고루 발라 굽는 요리이다.

20분

요구사항

1. 구워진 북어의 길이는 5cm로 하시오.
2. 유장으로 초벌구이를 하고, 고추장 양념으로 석쇠에 구우시오.
3. 완성품은 3개를 제출하시오.
   (단, 세로로 잘라 3/6토막 제출할 경우 수량부족으로 실격 처리 됩니다.)

수험자유의사항

1. 만드는 순서에 유의하며, 위생과 숙련된 기능평가를 위하여 조리작업 시 맛을 보지 않습니다.
2. 지정된 수험자지참준비물 이외의 조리기구나 재료를 시험장내에 지참할 수 없습니다.
3. 다음 사항은 실격에 해당하여 채점 대상에서 제외됩니다.
   - 위생복, 위생모, 앞치마, 마스크를 착용하지 않은 경우
   - 시험시간 내에 과제 두 가지를 제출하지 못한 경우
   - 문제의 요구사항대로 과제의 수량이 만들어지지 않은 경우
   - 구이를 조림 등으로 조리하여 완성품을 요구사항과 다르게 만든 경우
   - 불을 사용하여 만든 조리작품이 작품특성에 벗어나는 정도로 타거나 익지 않은 경우
   - 해당과제의 지급재료 이외 재료를 사용하거나 석쇠 등 요구사항의 조리기구를 사용하지 않은 경우
   - 지정된 수험자지참준비물 이외의 조리기구를 조리에 사용한 경우
   - 가스레인지 화구 2개 이상(2개 포함) 사용한 경우
   - 시험 중 시설·장비(칼, 가스레인지 등) 사용 시 시험위원 및 타수험자의 시험 진행을 위해를 일으킬 것으로 시험위원 전원이 합의하여 판단한 경우
4. 항목별 배점은 위생상태 및 안전관리 5점, 조리기술 30점, 작품의 평가 15점입니다.

재료 및 분량

- 북어포(반으로 갈라 말린 껍질이 있는 것) ·········1마리
- 식용유 ···10ml

[유장]
참기름 10ml, 진간장 3ml

[고추장 양념장]
고추장 40g, 백설탕 10g, 대파(흰 부분 4cm) 1토막, 마늘 2쪽, 참기름 5ml, 진간장 17ml, 깨소금 5g, 검은 후추 2g

만|드|는|법

① 북어포는 물에 살짝 적신 후 머리, 꼬리, 지느러미, 뼈를 제거한 후 껍질 쪽에 잔 칼집을 넣고 7cm 정도로 3토막으로 자른 다음 자작할 정도의 물을 붓고 부드럽게 불린다.

② 파와 마늘을 곱게 다져 고추장, 설탕, 깨소금, 후추, 참기름, 물을 섞어 고추장 양념을 만든다.

③ 북어포가 부드럽게 불려 졌으면 물기를 없앤 다음 유장을 바른다.

④ 석쇠에 식용유를 발라 달군 후 유장 처리한 북어를 초벌구이 한다.

⑤ 초벌구이 한 북어포에 고추장양념을 고루 바르고 타지 않도록 구워낸다.

▲ 북어 물에 적신 후 3등분하기

▲ 양념 고추장 만들기

▲ 북어포에 유장 바르기

득점 포인트!

- 북어는 구울 때 오그라들어 짧아지므로 2cm정도 여유 있게 자른다.
- 유장에 재운 북어는 거의 익힌 후 고추장양념을 발라 구워야 고추장 양념이 타지 않는다.

▲ 북어 굽기

더덕구이

더덕은 맛과 향이 독특해서 생채나 구이를 주로 해먹는데 더덕구이는 더덕을 방망이로 두들겨 펴서 고추장 양념을 하여 구운 음식이다. 더덕에는 사포닌 성분이 들어있어 입맛을 돋우어 주는 역할뿐 아니라 폐와 신장을 튼튼하게 해주며 건위제, 강장식품으로 유명하다.

요구사항

1. 더덕은 껍질을 벗겨 사용하시오.
2. 유장으로 초벌구이 하고, 고추장 양념으로 석쇠에 구우시오.
3. 완성품은 전량 제출하시오.

수험자유의사항

1. 만드는 순서에 유의하며, 위생과 숙련된 기능평가를 위하여 조리작업 시 맛을 보지 않습니다.
2. 지정된 수험자지참준비물 이외의 조리기구나 재료를 시험장내에 지참할 수 없습니다.
3. 다음 사항은 실격에 해당하여 채점 대상에서 제외됩니다.
   - 위생복, 위생모, 앞치마, 마스크를 착용하지 않은 경우
   - 시험시간 내에 과제 두 가지를 제출하지 못한 경우
   - 문제의 요구사항대로 과제의 수량이 만들어지지 않은 경우
   - 구이를 조림 등으로 조리하여 완성품을 요구사항과 다르게 만든 경우
   - 불을 사용하여 만든 조리작품이 작품특성에 벗어나는 정도로 타거나 익지 않은 경우
   - 해당과제의 지급재료 이외 재료를 사용하거나 석쇠 등 요구사항의 조리기구를 사용하지 않은 경우
   - 지정된 수험자지참준비물 이외의 조리기구를 조리에 사용한 경우
   - 가스레인지 화구 2개 이상(2개 포함) 사용한 경우
   - 시험 중 시설·장비(칼, 가스레인지 등) 사용 시 시험위원 및 타수험자의 시험 진행에 위해를 일으킬 것으로 시험위원 전원이 합의하여 판단한 경우
4. 항목별 배점은 위생상태 및 안전관리 5점, 조리기술 30점, 작품의 평가 15점입니다.

재료 및 분량

- 통더덕(길이 10~15cm 정도) ········· 3개
- 소금 ································ 10g
- 식용유 ······························· 10ml

[유장]
참기름 9ml, 진간장 3ml

[고추장 양념]
고추장 30g, 백설탕 5g, 대파(흰 부분 4cm 정도) 1토막,
마늘 1쪽, 깨소금 5g, 참기름 1ml

만|드|는|법

① 더덕은 껍질을 돌려가며 벗겨 5cm 길이로 자른 다음, 두들겨 펴서 소금물에 담가 우려서 쓴맛을 제거한다.

② 파와 마늘을 곱게 다져 고추장, 설탕, 깨소금, 참기름, 물을 섞어 고추장 양념을 만든다.

③ 쓴맛을 우려낸 더덕의 물기를 없애고 다시 한번 방망이로 두들겨 편편하게 편다.

④ 부드럽게 두들긴 더덕에 유장(참기름9ml, 진간장3ml)을 바른다.

⑤ 석쇠를 달군 후 식용유를 바르고 유장을 바른 더덕을 올려 초벌구이한다.

⑥ 초벌구이한 더덕에 고추장양념을 골고루 발라 가면서 타지 않게 구워낸 후 8개를 접시에 담아낸다.

▲ 더덕 껍질 벗기기

▲ 더덕에 유장 바르기

▲ 더덕 초벌구이 하기

득점 포인트!
- 더덕은 두드릴 때 부서지지 않도록 방망이로 두드려 편다.
- 고추장 양념이 되지 않도록 물로 농도를 조절하고, 유장을 많이 바르면 완성품의 색이 너무 진하게 되므로 주의한다.

▲ 양념한 더덕 굽기

두부조림

조림은 일명 조리개라고도 하며 반상차림에 자주 이용된다. 두부조림은 두부를 기름에 지져 양념장에 짭짤하게 조린 후 고명을 얹어 내는 음식이다. 두부는 대두를 원료로 하여 가공한 식품으로 소화흡수가 잘되는 단백질이 풍부한 식품이다.

요구사항

1. 두부는 0.8cm×3cm×4.5cm로 써시오.
2. 8쪽을 제출하고 촉촉하게 보이도록 국물을 약간 끼얹어 내시오.
3. 실고추와 파채를 고명으로 사용하시오.

수험자유의사항

1. 만드는 순서에 유의하며, 위생과 숙련된 기능평가를 위하여 조리작업 시 맛을 보지 않습니다.
2. 지정된 수험자지참준비물 이외의 조리기구나 재료를 시험장내에 지참할 수 없습니다.
3. 다음 사항은 실격에 해당하여 채점 대상에서 제외됩니다.
   - 위생복, 위생모, 앞치마, 마스크를 착용하지 않은 경우
   - 시험시간 내에 과제 두 가지를 제출하지 못한 경우
   - 문제의 요구사항대로 과제의 수량이 만들어지지 않은 경우
   - 구이를 조림 등으로 조리하여 완성품을 요구사항과 다르게 만든 경우
   - 불을 사용하여 만든 조리작품이 작품특성에 벗어나는 정도로 타거나 익지 않은 경우
   - 해당과제의 지급재료 이외 재료를 사용하거나 석쇠 등 요구사항의 조리기구를 사용하지 않은 경우
   - 지정된 수험자지참준비물 이외의 조리기구를 조리에 사용한 경우
   - 가스레인지 화구 2개 이상(2개 포함) 사용한 경우
   - 시험 중 시설·장비(칼, 가스레인지 등) 사용 시 시험위원 및 타수험자의 시험 진행에 위해를 일으킬 것으로 시험위원 전원이 합의하여 판단한 경우
4. 항목별 배점은 위생상태 및 안전관리 5점, 조리기술 30점, 작품의 평가 15점입니다.

재료 및 분량

- 두부 ···················· 200g
- 소금 ···················· 5g
- 식용유 ·················· 30ml
- 대파(흰부분 4cm 정도) ····· 1토막
- 실고추 ·················· 1g

[조림양념장]
진간장 15ml, 백설탕 5g, 마늘 1쪽, 깨소금 5g, 참기름 5ml, 검은 후추 1g

만|드|는|법

① 두부는 3cm×4.5cm×0.8cm 크기로 썰어 소금을 뿌려둔다.
② 마늘은 곱게 다진다. 대파, 실고추는 고명으로 준비한다.
③ 간장, 설탕, 파, 마늘, 깨소금, 후추, 참기름, 물을 넣어 양념장을 만든다.
④ 달구어진 팬에 식용유를 두르고 물기를 제거한 두부의 앞 뒷면을 노릇노릇하게 지져낸다.
⑤ 냄비에 두부를 담고 양념장을 골고루 끼얹은 후 센 불에서 잠시 끓이다가 끓기 시작하면 중불이하에서 국물을 끼얹어가며 천천히 조린다.
⑥ 국물이 3큰술 정도 남았으면 실고추와 채썬 파를 얹고 살짝 뜸 들인다.
⑦ 그릇에 조린 두부 8쪽 이상과 조림국물을 함께 담아낸다.

▲ 두부 썰기

▲ 후라이팬에 지져주기

▲ 두부조림용 고명 썰기

득점 포인트!

- 두부는 센 불에서 지져야 표면이 단단해져 두부가 부서지지 않는다.
- 두부를 노릇노릇하게 지져야 작품이 완성 되었을 때 색이 곱다.

▲ 양념장 끼얹어 조림하기

홍합초

홍합초는 홍합살을 데쳐 간장에 윤기나도록 조려낸 음식이다. 초(炒)란 한자로는 볶는다는 뜻이나 우리나라 조리법에서는 국물이 걸쭉하면서 전체가 고루 윤이나게 조리는 방법이다.

요구사항

1. 마늘과 생강은 편으로, 파는 2cm로 써시오.
2. 홍합은 전량 사용하고, 촉촉하게 보이도록 국물을 끼얹어 제출하시오.
3. 잣가루를 고명으로 얹으시오.

수험자유의사항

1. 만드는 순서에 유의하며, 위생과 숙련된 기능평가를 위하여 조리작업 시 맛을 보지 않습니다.
2. 지정된 수험자지참준비물 이외의 조리기구나 재료를 시험장내에 지참할 수 없습니다.
3. 다음 사항은 실격에 해당하여 채점 대상에서 제외됩니다.
   - 위생복, 위생모, 앞치마, 마스크를 착용하지 않은 경우
   - 시험시간 내에 과제 두 가지를 제출하지 못한 경우
   - 문제의 요구사항대로 과제의 수량이 만들어지지 않은 경우
   - 구이를 조림 등으로 조리하여 완성품을 요구사항과 다르게 만든 경우
   - 불을 사용하여 만든 조리작품이 작품특성에 벗어나는 정도로 타거나 익지 않은 경우
   - 해당과제의 지급재료 이외 재료를 사용하거나 석쇠 등 요구사항의 조리기구를 사용하지 않은 경우
   - 지정된 수험자지참준비물 이외의 조리기구를 조리에 사용한 경우
   - 가스레인지 화구 2개 이상(2개 포함) 사용한 경우
   - 시험 중 시설·장비(칼, 가스레인지 등) 사용 시 시험위원 및 타수험자의 시험 진행에 방해를 일으킬 것으로 시험위원 전원이 합의하여 판단한 경우
4. 항목별 배점은 위생상태 및 안전관리 5점, 조리기술 30점, 작품의 평가 15점입니다.

재료 및 분량

- 생홍합(껍질 벗긴 홍합살) ··············· 100g
- 진간장 ································· 40ml
- 백설탕 ·································· 10g
- 대파(흰 부분 4cm 정도) ················· 1토막
- 검은후추 ································· 2g
- 참기름 ·································· 5ml
- 마늘 ···································· 2쪽
- 생강 ··································· 15g
- 잣 ······································ 5개

만|드|는|법

① 생 홍합은 안쪽의 지푸라기 같은 털끈을 제거하고 엷은 소금물에 흔들어 씻어 끓는 물에 데쳐 낸다.

② 마늘과 생강은 0.2cm 두께의 편으로 썰고 파는 흰 부분만 2cm 길이로 통썰기 한다.

③ 냄비에 간장, 후추, 설탕, 물을 넣고 끓으면 데친 홍합, 마늘, 생강편을 넣어 중불에서 국물을 끼얹어가며 조린다.

④ 잣은 고깔을 떼고 종이 위에서 다져서 고슬고슬한 잣가루를 만든다.

⑤ 어느 정도 조려지면 파를 넣는다. 국물이 1큰술 정도 남게 조려졌으면 참기름을 넣어 마무리한다.

⑥ 조림국물과 함께 조화 있게 담고 위에 잣가루를 얹는다.

▲ 홍합 다듬기

▲ 엷은 소금물에 삶기

▲ 홍합살, 생강 마늘편 넣고 졸여주기

▲ 냄비에서 홍합초 윤기내기

득점 포인트!

- 색이 곱고 윤기나게 조리고자 할 때는 뚜껑을 열고 중불에서 조림장을 끼얹어 가면서 조린다.
- 대파는 처음부터 넣지 말고 무르지 않게 어느 정도 조려진 후에 넣는다.
- 껍질 홍합이 주어졌을 경우 깨끗이 씻은 후 소금물에 데쳐 입이 벌어지면 건져서 살만 꺼내 털끈을 제거하고 사용한다.

오징어볶음

오징어 볶음은 오징어의 껍질을 벗기고 안쪽에 잔 칼집을 일정하게 넣어 양파, 풋고추, 홍고추 등의 채소와 함께 고추장 양념을 넣어 볶아낸 음식으로, 매콤해서 식욕을 돋구어줄 뿐 아니라 손님 초대상에 올려도 손색이 없는 음식이다.

 30분

요구사항

1. 오징어는 0.3cm 폭으로 어슷하게 칼집을 넣고, 크기는 4cm×1.5cm로 써시오.
   (단, 오징어 다리는 4cm 길이로 자른다.)
2. 고추, 파는 일정하게 어슷썰기, 양파는 폭 1cm로 써시오.

수험자유의사항

1. 만드는 순서에 유의하며, 위생과 숙련된 기능평가를 위하여 조리작업 시 맛을 보지 않습니다.
2. 지정된 수험자지참준비물 이외의 조리기구나 재료를 시험장내에 지참할 수 없습니다.
3. 다음 사항은 실격에 해당하여 채점 대상에서 제외됩니다.
   - 위생복, 위생모, 앞치마, 마스크를 착용하지 않은 경우
   - 시험시간 내에 과제 두 가지를 제출하지 못한 경우
   - 문제의 요구사항대로 과제의 수량이 만들어지지 않은 경우
   - 구이를 조림 등으로 조리하여 완성품을 요구사항과 다르게 만든 경우
   - 불을 사용하여 만든 조리작품이 작품특성에 벗어나는 정도로 타거나 익지 않은 경우
   - 해당과제의 지급재료 이외 재료를 사용하거나 석쇠 등 요구사항의 조리기구를 사용하지 않은 경우
   - 지정된 수험자지참준비물 이외의 조리기구를 조리에 사용한 경우
   - 가스레인지 화구 2개 이상(2개 포함) 사용한 경우
   - 시험 중 시설·장비(칼, 가스레인지 등) 사용 시 시험위원 및 타수험자의 시험 진행에 위해를 일으킬 것으로 시험위원 전원이 합의하여 판단한 경우
4. 항목별 배점은 위생상태 및 안전관리 5점, 조리기술 30점, 작품의 평가 15점입니다.

재료 및 분량

- 물오징어 ··· 1마리
- 소금 ··· 5g
- 홍고추(생) ··· 1개
- 풋고추 ··· 1개
- 양파(중 150g 정도) ·································· 1/3개
- 대파(흰 부분 4cm 정도) ······························ 1토막
- 식용유 ··· 30ml
- 참기름 ··· 10ml

[양념 고추장]
고추장 50g, 백설탕 20g, 고춧가루 15g, 진간장 10ml, 마늘 2쪽, 생강 5g, 깨소금 5g, 검은 후추 2g

만|드|는|법

① 마늘과 생강은 곱게 다지고 양파는 폭이 1cm 정도로 일정하게 썬다.

② 대파, 홍고추, 풋고추는 0.8cm 두께로 어슷하게 썰고, 고추는 물에 씻어 씨를 제거한다.

▲ 오징어 껍질 벗기기

③ 오징어는 반으로 갈라 내장과 다리를 함께 잡고 분리하여 다리에 붙어있는 내장과 눈을 제거한다.

④ 오징어 몸통과 다리의 껍질을 벗겨 씻은 다음 몸통 안쪽에 가로·세로 0.3cm 간격의 사선으로 칼집을 넣고 길이 5cm, 폭 1.5cm로 썬다. 다리는 5cm 길이로 썬다.

▲ 오징어에 칼집 넣기

⑤ 고추장(40g), 설탕(20g), 고춧가루(15g), 진간장(10ml), 마늘(2쪽), 생강(5g), 깨소금(5g), 후추(2g)를 넣어 고추장양념을 만든다.

⑥ 팬에 기름을 두르고 다진 마늘, 생강을 넣고 볶다가 양념장, 양파, 오징어, 홍고추, 풋고추, 대파 순서으로 넣어 볶는다.

▲ 손질된 오징어 볶음 재료

⑦ 마지막에 참기름(10ml)을 넣어 윤기를 낸 후 고추장양념의 색과 맛이 고르게 배인 오징어와 채소가 조화를 이루도록 담아낸다.

득점 포인트!

- 오징어의 칼집은 내장이 들어있던 안쪽에 깊이와 폭을 일정하게 사선으로 넣고 가로방향으로 잘라 말리지 않게 한다.
- 식용유를 너무 많이 넣어 볶으면 양념장과 기름이 분리될 수 있고, 미리 볶아 놓아도 물기가 생기므로 주의한다.

▲ 오징어 볶음 볶기

무생채

무생채는 싱싱한 무를 일정한 규격으로 채썰어 고운 고춧가루를 넣어 곱게 물들인 후 양념하여 매콤하고 새콤달콤한 맛을 낸 음식이다. 무는 아삭아삭한 질감이 산뜻하며, 디아스타제란 효소가 함유되어 있어 소화가 잘되고 비타민 A와 C도 들어있다.

 15분

요구사항

1. 무는 0.2cm×0.2cm×6cm 크기로 채써시오.
2. 생채는 고춧가루를 사용하시오.
3. 무생채는 70g 이상 제출하시오.

수험자유의사항

1. 만드는 순서에 유의하며, 위생과 숙련된 기능평가를 위하여 조리작업 시 맛을 보지 않습니다.
2. 지정된 수험자지참준비물 이외의 조리기구나 재료를 시험장내에 지참할 수 없습니다.
3. 다음 사항은 실격에 해당하여 채점 대상에서 제외됩니다.
   - 위생복, 위생모, 앞치마, 마스크를 착용하지 않은 경우
   - 시험시간 내에 과제 두 가지를 제출하지 못한 경우
   - 문제의 요구사항대로 과제의 수량이 만들어지지 않은 경우
   - 구이를 조림 등으로 조리하여 완성품을 요구사항과 다르게 만든 경우
   - 불을 사용하여 만든 조리작품이 작품특성에 벗어나는 정도로 타거나 익지 않은 경우
   - 해당과제의 지급재료 이외 재료를 사용하거나 석쇠 등 요구사항의 조리기구를 사용하지 않은 경우
   - 지정된 수험자지참준비물 이외의 조리기구를 조리에 사용한 경우
   - 가스레인지 화구 2개 이상(2개 포함) 사용한 경우
   - 시험 중 시설·장비(칼, 가스레인지 등) 사용 시 시험위원 및 타수험자의 시험 진행에 위해를 일으킬 것으로 시험위원 전원이 합의하여 판단한 경우
4. 항목별 배점은 위생상태 및 안전관리 5점, 조리기술 30점, 작품의 평가 15점입니다.

재료 및 분량

- 무 ·· 100g
- 고춧가루 ··· 10g

[양념]
깨소금 5g, 백설탕 10g, 식초 5ml, 대파(흰 부분 4cm 정도) 1토막, 소금 5g, 마늘 1쪽, 생강 5g

만|드|는|법

❶ 무는 껍질을 벗기고 6cm 길이로 자른 후 두께 0.2cm, 폭 0.2cm로 일정하게 채썬다.
❷ 채썬 무에 고운 고춧가루를 넣어 곱게 물들인다.
❸ 파, 마늘, 생강을 곱게 다진다.
❹ 고춧가루 물이 곱게 든 무에 설탕, 소금, 식초, 깨소금, 파, 마늘, 생강을 넣고 싱싱하고 곱게 무쳐 담아낸다.
❺ 아삭아삭하고 싱싱하게 상에 내기 직전에 무친다.

▲ 무생채 재료

▲ 무 채 썰기

▲ 무채 썬것에 고운 고춧가루 넣기

득점 포인트!
- 무채는 길이와 굵기가 일정하게 써는 것이 중요하다.
- 고춧가루가 굵으면 체에 내려 고운 고춧가루로 사용하고, 채썬 무에 고르게 물을 들인 후 무친다.
- 무쳐놓은 생채는 싱싱하고 깨끗해야 한다.

▲ 무채에 맛내기

더덕생채

더덕생채는 더덕의 껍질을 벗기고 편으로 썰어 소금물에 담가 쓴맛을 뺀 뒤 부서지지 않게 두들겨서 곱게 찢어 고운 고춧가루로 물을 들이고 양념을 넣어 무친 음식이다. 말린 더덕은 기침, 거담제 등에 효능이 있고 인삼과 생김새가 비슷하여 사삼(沙蔘)이라고도 한다.

20분

요구사항

1. 더덕은 5cm로 썰어 두들겨 편 후 찢어서 쓴맛을 제거하여 사용하시오.
2. 고춧가루로 양념하고 전량 제출하시오.

수험자유의사항

1. 만드는 순서에 유의하며, 위생과 숙련된 기능평가를 위하여 조리작업 시 맛을 보지 않습니다.
2. 지정된 수험자지참준비물 이외의 조리기구나 재료를 시험장내에 지참할 수 없습니다.
3. 다음 사항은 실격에 해당하여 채점 대상에서 제외됩니다.
    - 위생복, 위생모, 앞치마, 마스크를 착용하지 않은 경우
    - 시험시간 내에 과제 두 가지를 제출하지 못한 경우
    - 문제의 요구사항대로 과제의 수량이 만들어지지 않은 경우
    - 구이를 조림 등으로 조리하여 완성품을 요구사항과 다르게 만든 경우
    - 불을 사용하여 만든 조리작품이 작품특성에 벗어나는 정도로 타거나 익지 않은 경우
    - 해당과제의 지급재료 이외 재료를 사용하거나 석쇠 등 요구사항의 조리기구를 사용하지 않은 경우
    - 지정된 수험자지참준비물 이외의 조리기구를 조리에 사용한 경우
    - 가스레인지 화구 2개 이상(2개 포함) 사용한 경우
    - 시험 중 시설·장비(칼, 가스레인지 등) 사용 시 시험위원 및 타수험자의 시험 진행에 위해를 일으킬 것으로 시험위원 전원이 합의하여 판단한 경우
4. 항목별 배점은 위생상태 및 안전관리 5점, 조리기술 30점, 작품의 평가 15점입니다.

재료 및 분량

- 통 더덕(껍질있는 것, 길이 10~15cm 정도) ········2개
- 소금 ··5g

[양념]
고춧가루 20g, 대파(흰 부분 4cm정도) 1토막, 마늘 1쪽, 식초 5ml, 백설탕 5g, 깨소금 5g, 소금 약간

만|드|는|법

① 더덕은 껍질을 돌려가며 벗겨 길이 5cm, 두께 0.4cm의 편으로 썰어 소금물에 담가 우려서 쓴맛을 뺀다.

② 파, 마늘은 곱게 다진다.

③ 쓴맛을 우려낸 더덕의 물기를 없앤 다음, 방망이로 두들겨 편편하게 펴서 가늘게 찢는다.

④ 찢어놓은 더덕에 고춧가루로 곱게 물을 들인 후 설탕, 소금, 식초, 깨소금, 파, 마늘을 넣어 손으로 골고루 간이 배도록 무친 후 접시에 담아낸다.

▲ 더덕 껍질 벗기기

▲ 더덕 썰기

▲ 더덕 밀대로 두들기기

득점 포인트!

- 더덕은 가늘고 길게 찢을 때 가운데 심이 들어 있으면 제거한다.
- 더덕생채는 무칠 때 고운 고춧가루로 먼저 색을 내고, 나머지 양념을 넣고 무쳐야 색과 맛이 좋다.

▲ 더덕 찢어 주기

도라지생채

도라지 생채는 생도라지를 손질 하여 소금물에 담가 쓴맛을 우려내고 고추장, 고춧가루, 식초, 설탕 등을 넣어 매콤, 새콤, 달콤하게 무쳐 먹는 생채이다. 도라지는 길경이라고도 하며 칼슘과 철분함량이 높아 호흡기 질환에 효과가 있다.

요구사항

1. 도라지는 0.3cm×0.3cm×6cm로 썰어 사용하시오.
2. 생채는 고추장과 고춧가루 양념으로 무쳐 제출하시오.

수험자유의사항

1. 만드는 순서에 유의하며, 위생과 숙련된 기능평가를 위하여 조리작업 시 맛을 보지 않습니다.
2. 지정된 수험자지참준비물 이외의 조리기구나 재료를 시험장내에 지참할 수 없습니다.
3. 다음 사항은 실격에 해당하여 채점 대상에서 제외됩니다.
   - 위생복, 위생모, 앞치마, 마스크를 착용하지 않은 경우
   - 시험시간 내에 과제 두 가지를 제출하지 못한 경우
   - 문제의 요구사항대로 과제의 수량이 만들어지지 않은 경우
   - 구이를 조림 등으로 조리하여 완성품을 요구사항과 다르게 만든 경우
   - 불을 사용하여 만든 조리작품이 작품특성에 벗어나는 정도로 타거나 익지 않은 경우
   - 해당과제의 지급재료 이외 재료를 사용하거나 석쇠 등 요구사항의 조리기구를 사용하지 않은 경우
   - 지정된 수험자지참준비물 이외의 조리기구를 조리에 사용한 경우
   - 가스레인지 화구 2개 이상(2개 포함) 사용한 경우
   - 시험 중 시설·장비(칼, 가스레인지 등) 사용 시 시험위원 및 타수험자의 시험 진행에 위해를 일으킬 것으로 시험위원 전원이 합의하여 판단한 경우
4. 항목별 배점은 위생상태 및 안전관리 5점, 조리기술 30점, 작품의 평가 15점입니다.

재료 및 분량

- 통도라지(껍질이 있는 것) ·································3개
- 소금 ··5g

[고추장 양념]
고추장 20g, 고춧가루 10g, 백설탕 10g, 대파(흰 부분 4cm) 1토막, 마늘 1쪽, 식초 15ml, 깨소금 5g

만|드|는|법

① 도라지는 껍질을 돌려가며 벗긴 후 길이 6cm로 자르고 두께 0.3cm로 편 썬 다음, 0.3cm 폭으로 채썬다.
② 썬 도라지에 소금(1작은술)과 물(1큰술)을 넣어 부드럽게 주무른 다음 물을 자작하게 부어 쓴맛을 우려낸다.
③ 고추장(20g), 고춧가루(10g), 설탕(10g), 파(5g), 마늘(5g), 식초(15ml), 깨소금을 넣어 양념장을 만든다.
④ 쓴맛을 우려낸 도라지를 물로 씻어 수분을 제거한 후 양념장을 조금씩 넣어 고운 색으로 무쳐 담아낸다.

▲ 도라지 껍질 벗기기

▲ 도라지 편 썰기

▲ 도라지 채를 소금으로 주무르기

득점 포인트!
- 도라지는 찢거나 채썰어 굵기와 길이를 일정하게 한다.
- 양념이 거칠지 않고 색이 고와야 하며 물이 생기지 않도록 마지막에 버무려 낸다.

▲ 쓴맛 제거한 도라지에 양념하기

겨자채

겨자채는 신선한 채소와 편육, 황·백지단, 배 등의 다양한 재료를 함께 섞어 매콤, 달콤, 새콤한 맛의 겨자즙에 버무려낸 음식으로 여름철에 입맛을 돋우어 준다. 겨자가루는 미지근한 물을 넣어 갠 후 40~45℃ 온도를 맞추어주면 시니그린이 효소작용에 의하여 활성화 되어 매운맛이 잘 난다.

요구사항

1. 채소, 편육, 황·백지단, 배는 0.3cm×1cm×4cm로 써시오.
2. 밤은 모양대로 납작하게 써시오.
3. 겨자는 발효시켜 매운맛이 나도록 하며 간을 맞춘 후 재료들을 무쳐서 담고, 잣은 고명으로 올리시오.

수험자유의사항

1. 만드는 순서에 유의하며, 위생과 숙련된 기능평가를 위하여 조리작업 시 맛을 보지 않습니다.
2. 지정된 수험자지참준비물 이외의 조리기구나 재료를 시험장내에 지참할 수 없습니다.
3. 다음 사항은 실격에 해당하여 채점 대상에서 제외됩니다.
   - 위생복, 위생모, 앞치마, 마스크를 착용하지 않은 경우
   - 시험시간 내에 과제 두 가지를 제출하지 못한 경우
   - 문제의 요구사항대로 과제의 수량이 만들어지지 않은 경우
   - 구이를 조림 등으로 조리하여 완성품을 요구사항과 다르게 만든 경우
   - 불을 사용하여 만든 조리작품이 작품특성에 벗어나는 정도로 타거나 익지 않은 경우
   - 해당과제의 지급재료 이외 재료를 사용하거나 석쇠 등 요구사항의 조리기구를 사용하지 않은 경우
   - 지정된 수험자지참준비물 이외의 조리기구를 조리에 사용한 경우
   - 가스레인지 화구 2개 이상(2개 포함) 사용한 경우
   - 시험 중 시설·장비(칼, 가스레인지 등) 사용 시 시험위원 및 타수험자의 시험 진행에 위해를 일으킬 것으로 시험위원 전원이 합의하여 판단한 경우
4. 항목별 배점은 위생상태 및 안전관리 5점, 조리기술 30점, 작품의 평가 15점입니다.

재료 및 분량

- 양배추 ······ 50g
- 오이 ······ 1/3개
- 당근 ······ 50g
- 소고기(살코기) ······ 50g
- 밤 ······ 2개
- 배 ······ 1/8개
- 달걀 ······ 1개
- 잣 ······ 5개
- 식용유 ······ 10ml

[겨자즙]
겨자가루 6g, 미지근한 물 6g, 소금 5g, 백설탕 20g, 식초 10ml, 진간장 5ml

만|드|는|법

❶ 밤과 배는 껍질 벗겨 설탕물에 담가 갈변되지 않도록 한 후, 밤은 모양대로 납작하게 썰고 배는 길이 4cm, 폭 1cm, 두께 0.3cm로 썰어 담근다.

❷ 겨자는 동량의 따뜻한 물로 개어 따뜻한 곳에 10여분 두어 매운맛이 나면 설탕, 식초, 소금, 간장을 넣어 겨자즙을 만든다.

❸ 소고기는 핏물을 제거하고 덩어리째 끓는물에 삶아 눌러서 모양을 잡은 후 길이 4cm, 폭 1cm, 두께 0.3cm로 썬다.

❹ 양배추, 오이, 당근은 길이 4cm, 폭 1cm, 두께 0.3cm 되도록 썰어 찬물에 담가서 싱싱하게 한다.

❺ 달걀은 황·백으로 분리하여 0.3cm 두께로 지단을 부친 후 4cm×1cm로 썰고 잣은 길이로 반 갈라 비늘 잣을 만든다.

❻ 찬물에 담근 재료는 수분을 제거하여 편육, 지단과 섞고 겨자즙에 버무려 그릇에 담은 후, 비늘 잣을 고명으로 얹어 낸다.

▲ 당근 썰기

▲ 비늘 잣 만들기

▲ 모든 재료 썰고 오이 돌려 깎기

▲ 겨자채 재료 겨자소스에 무치기

득점 포인트!

- 채소는 싱싱하게 아삭거릴 수 있도록 규격에 맞게 썰어서 찬물에 담근다.
- 겨자는 매운 맛이 나도록 40℃의 따뜻한 물에 개어 따뜻한 곳에 두어 발효시킨다.

칠절판

칠절판은 맛이 좋고 색이 화려한 음식으로 소고기, 당근, 달걀, 석이버섯, 오이 등 6가지 재료를 곱게 채썰어 볶아 밀전병에 싸 먹는 음식이다. 칠절판은 모양이 화려하고 맛이 산뜻하여 교자상 주안상에 전채음식으로 알맞다. 칠절판에 표고버섯볶음과 숙주나물을 더하면 구절판이 된다.

40분

요구사항

1. 밀전병은 직경 8cm가 되도록 6개를 만드시오.
2. 채소와 황·백지단, 소고기의 크기는 0.2cm×0.2cm×5cm 정도로 채를 써시오.
3. 석이버섯은 곱게 채를 써시오.

수험자유의사항

1. 만드는 순서에 유의하며, 위생과 숙련된 기능평가를 위하여 조리작업 시 맛을 보지 않습니다.
2. 지정된 수험자지참준비물 이외의 조리기구나 재료를 시험장내에 지참할 수 없습니다.
3. 다음 사항은 실격에 해당하여 채점 대상에서 제외됩니다.
   - 위생복, 위생모, 앞치마, 마스크를 착용하지 않은 경우
   - 시험시간 내에 과제 두 가지를 제출하지 못한 경우
   - 문제의 요구사항대로 과제의 수량이 만들어지지 않은 경우
   - 구이를 조림 등으로 조리하여 완성품을 요구사항과 다르게 만든 경우
   - 불을 사용하여 만든 조리작품이 작품특성에 벗어나는 정도로 타거나 익지 않은 경우
   - 해당과제의 지급재료 이외 재료를 사용하거나 석쇠 등 요구사항의 조리기구를 사용하지 않은 경우
   - 지정된 수험자지참준비물 이외의 조리기구를 조리에 사용한 경우
   - 가스레인지 화구 2개 이상(2개 포함) 사용한 경우
   - 시험 중 시설·장비(칼, 가스레인지 등) 사용 시 시험위원 및 타수험자의 시험 진행에 위해를 일으킬 것으로 시험위원 전원이 합의하여 판단한 경우
4. 항목별 배점은 위생상태 및 안전관리 5점, 조리기술 30점, 작품의 평가 15점입니다.

재료 및 분량

- 소고기(살코기) ································· 50g
- 석이버섯 ··· 5g
- 오이 ··· 1/2개
- 당근 ··· 50g
- 달걀 ··· 1개
- 소금 ··· 10g
- 식용유 ··· 30ml

[고기 양념장]
진간장 20ml, 백설탕 10g, 대파(흰부분 4cm) 1토막, 마늘 2쪽, 참기름 10ml, 깨소금 5g, 검은 후추 1g

[밀전병]
밀가루 5큰술, 소금 약간, 물 5큰술

만|드|는|법

1. 석이버섯 불릴 물을 올려서 끓으면 불린다.
2. 밀가루와 동량의 물, 소금을 약간 넣고 풀어서 체에 내린다.
3. 오이는 소금으로 문질러 씻어 5cm×0.2cm로 돌려깎아 채썰고 당근도 오이와 같은 크기로 채썰어 소금에 절였다가 물기를 제거한다.
4. 불려진 석이버섯은 양손으로 비벼 이끼와 배꼽을 제거한 후 채썰어 소금, 참기름으로 간하여 볶는다.
5. 소고기도 오이와 같은 크기로 채썰어 양념장에 재운다.
6. 팬에 기름을 약간 두르고 밀전병 반죽을 2/3큰술씩 떠서 지름 8cm가 되게 둥글고 얇게 부쳐서 서로 붙지 않게 식힌다.
7. 달걀은 황·백으로 분리하여 지단을 부친 후 5cm×0.2cm×0.2cm로 썬다.
8. 팬에 식용유를 두르고 오이, 당근, 석이버섯, 소고기 순서로 볶아 펼쳐 식힌다.
9. 접시 중앙에 밀전병을 담고 6가지 재료를 색 맞추어 돌려 담는다.

▲ 석이버섯 썰기

▲ 밀전병 부치기

▲ 채 썬 당근 채 볶기

득점 포인트!

- 밀전병은 팬에 식용유가 적도록 키친타올로 닦아낸 후 약불에서 부친다.
- 밀전병의 밀가루 반죽은 미리 준비하여 체에 내려두면 끈기가 생겨 더 쉽게 부칠 수 있다.
- 완성된 채소 색깔에 유의한다.

▲ 채 썰어 소금에 절였던 오이 볶기

탕평채

탕평채는 녹두 녹말로 만든 청포묵에 양념하여 볶은 소고기와 데쳐낸 숙주, 미나리를 넣고 초간장과 함께 무쳐 고명을 얹은 음식이다. 탕평채를 옛 문헌에는 청포채, 묵청포 등이라 하였고 조선시대 영조 때 당쟁의 폐해를 없애고자 탕평책을 실시하면서 청포묵에 여러 가지 채소를 넣고 고명을 얹어 함께 섞어서 청포묵 무침을 만들어 내던 것에서부터 유래된 것이라 한다.

 35분

요구사항

1. 청포묵은 0.4cm×0.4cm×6cm로 썰어 데쳐서 사용하시오.
2. 모든 부재료의 길이는 4~5cm로 하시오.
3. 소고기, 미나리, 거두절미한 숙주는 각각 조리하여 청포묵과 함께 초간장으로 무쳐서 담는다.
4. 황·백지단은 4cm 길이로 채 썰고, 김은 구워 부셔서 고명으로 얹어 내시오.

수험자유의사항

1. 만드는 순서에 유의하며, 위생과 숙련된 기능평가를 위하여 조리작업 시 맛을 보지 않습니다.
2. 지정된 수험자지참준비물 이외의 조리기구나 재료를 시험장내에 지참할 수 없습니다.
3. 다음 사항은 실격에 해당하여 채점 대상에서 제외됩니다.
    - 위생복, 위생모, 앞치마, 마스크를 착용하지 않은 경우
    - 시험시간 내에 과제 두 가지를 제출하지 못한 경우
    - 문제의 요구사항대로 과제의 수량이 만들어지지 않은 경우
    - 구이를 조림 등으로 조리하여 완성품을 요구사항과 다르게 만든 경우
    - 불을 사용하여 만든 조리작품이 작품특성에 벗어나는 정도로 타거나 익지 않은 경우
    - 해당과제의 지급재료 이외 재료를 사용하거나 석쇠 등 요구사항의 조리기구를 사용하지 않은 경우
    - 지정된 수험자지참준비물 이외의 조리기구를 조리에 사용한 경우
    - 가스레인지 화구 2개 이상(2개 포함) 사용한 경우
    - 시험 중 시설·장비(칼, 가스레인지 등) 사용 시 시험위원 및 타수험자의 시험 진행에 위해를 일으킬 것으로 시험위원 전원이 합의하여 판단한 경우
4. 항목별 배점은 위생상태 및 안전관리 5점, 조리기술 30점, 작품의 평가 15점입니다.

재료 및 분량

- 청포묵 ······················· 150g
- 숙주 ························· 20g
- 미나리 ······················· 10g
- 소고기(살코기) ················ 20g
- 달걀 ························· 1개
- 김 ·························· 1/4장
- 소금 ·························· 5g
- 식용유 ······················· 10ml

[초간장]
진간장 10ml, 식초 5ml, 백설탕 2g

[소고기양념장]
진간장 10ml, 백설탕 3g, 대파(흰 부분 4cm 정도) 1토막, 마늘 2쪽, 참기름 5ml, 깨소금 5g, 검은 후추 1g

만|드|는|법

① 냄비에 청포묵과 숙주 데칠 물(3컵 정도)을 올린다.

② 청포묵은 6cm 길이로 자른 후 두께 0.4cm, 폭 0.4cm로 썰어서 끓는 물에 데쳐 찬물에 식힌 후 소금, 참기름으로 밑간한다.

③ 숙주는 거두절미하여 끓는 소금물에 데쳐 찬물에 헹구어 밑간하고, 미나리는 뿌리와 잎을 다듬어 끓는 소금물에 데쳐 찬물에 헹군 다음 5cm 길이로 자른다.

④ 달걀은 황·백으로 분리하여 지단을 부친 후 4cm×0.2cm×0.2cm로 썬다. 김은 구워서 부순다.

⑤ 소고기는 5cm 길이로 자른 후 두께 0.3cm, 폭 0.3cm로 채썰어 양념하여 볶는다.

⑥ 청포묵, 숙주, 미나리, 볶은 소고기에 초간장을 넣고 가볍게 버무려 그릇에 담은 후 김 부순 것, 황·백지단을 고명으로 얹어낸다.

▲ 탕평채용 재료

▲ 청포묵 데치기

▲ 미나리 데치기

- 청포묵의 굳은 것은 끓는 물에 데쳐 찬물에 헹구어 부드럽게 하여 사용하고, 묵의 빛깔이 너무 검어지지 않도록 초간장 양을 조절하여 사용한다.
- 청포묵을 썰 때 칼에 물을 묻히면 달라붙지 않고 잘 썰린다.

▲ 초간장에 준비된 재료 무치기

잡채

잡채(雜菜)는 여러 가지 채소, 당면, 소고기 등의 재료를 각각 볶아 함께 섞어서 무치고 달걀지단을 고명으로 얹은 음식이다. 잡채의 잡(雜)은 '섞다, 모으다, 많다'의 의미이며 채(菜)는 채소의 의미로 다양한 종류의 채소를 섞었다는 뜻으로 맛과 영양이 뛰어날 뿐 아니라 시각적인 면도 아름다운 요리이다.

요구사항

1. 소고기, 양파, 오이, 당근, 도라지, 표고버섯은 0.3cm×0.3cm×6cm로 썰어 사용하시오.
2. 숙주는 데치고 목이버섯은 찢어서 사용하시오.
3. 당면은 삶아서 유장처리하여 볶으시오.
4. 황·백지단은 0.2cm×0.2cm×4cm로 썰어 고명으로 얹으시오.

수험자유의사항

1. 만드는 순서에 유의하며, 위생과 숙련된 기능평가를 위하여 조리작업 시 맛을 보지 않습니다.
2. 지정된 수험자지참준비물 이외의 조리기구나 재료를 시험장내에 지참할 수 없습니다.
3. 다음 사항은 실격에 해당하여 채점 대상에서 제외됩니다.
   • 위생복, 위생모, 앞치마, 마스크를 착용하지 않은 경우
   • 시험시간 내에 과제 두 가지를 제출하지 못한 경우
   • 문제의 요구사항대로 과제의 수량이 만들어지지 않은 경우
   • 구이를 조림 등으로 조리하여 완성품을 요구사항과 다르게 만든 경우
   • 불을 사용하여 만든 조리작품이 작품특성에 벗어나는 정도로 타거나 익지 않은 경우
   • 해당과제의 지급재료 이외 재료를 사용하거나 석쇠 등 요구사항의 조리기구를 사용하지 않은 경우
   • 지정된 수험자지참준비물 이외의 조리기구를 조리에 사용한 경우
   • 가스레인지 화구 2개 이상(2개 포함) 사용한 경우
   • 시험 중 시설·장비(칼, 가스레인지 등) 사용 시 시험위원 및 타수험자의 시험 진행에 위해를 일으킬 것으로 시험위원 전원이 합의하여 판단한 경우
4. 항목별 배점은 위생상태 및 안전관리 5점, 조리기술 30점, 작품의 평가 15점입니다.

재료 및 분량

- 당면 ·· 20g
- 소고기(살코기) ································· 30g
- 건표고버섯(지름 5cm, 물에 불린것) ········ 1개
- 건목이버섯(지름 5cm, 물에 불린것) ········ 2개
- 양파(중 150g 정도) ···························· 1/3개
- 오이 ··· 1/3개
- 당근 ··· 50g
- 통도라지 ·· 1개
- 달걀 ·· 1개
- 숙주 ··· 20g
- 식용유 ·· 50ml
- 소금 ··· 15g

[소고기, 목이·표고버섯 양념장]
진간장 20ml, 백설탕 10g, 대파(흰 부분 4cm) 1토막, 마늘 2쪽, 깨소금 5g, 검은 후추 1g, 참기름 5ml

만 | 드 | 는 | 법

❶ 냄비에 당면과 버섯불릴 물을 올린다.

❷ 도라지는 채썰어 소금물에 담그고 오이는 6cm×0.3cm×0.3cm로 2번 정도 돌려 깎아 소금에 절인다.

❸ 표고버섯과 목이버섯은 뜨거운 물에 불리고 숙주는 거두절미하여 끓는 물에 데쳐 소금, 참기름으로 양념하고 당근과 양파도 6cm×0.3cm×0.3cm로 채썬다.

❹ 표고버섯과 소고기도 같은 크기로 채썰고, 목이는 깨끗이 손질하여 찢어서 양념장에 재운다.

❺ 달걀은 황·백으로 분리하여 지단을 부친 후 4cm×0.2cm×0.2cm로 썬다.

❻ 팬에 식용유를 두르고 도라지, 양파, 오이, 당근, 목이버섯, 표고버섯, 소고기 순서로 볶아 펼쳐 식힌다.

❼ 당면은 끓는 물에 삶아 찬물에 헹구어 물기를 빼고 설탕, 간장, 참기름을 넣어 밑간하여 볶는다.

❽ 볶은 당면과 ❻의 볶은 재료를 섞고 참기름, 깨소금을 넣어 버무린다.

❾ 접시에 잡채를 담고 황·백지단을 고명으로 얹어낸다.

▲ 모든 재료 채 썰어 양념하기 직전

▲ 삶은 당면에 유장 처리하기

▲ 유장 처리한 당면 볶기

득점 포인트!
- 당면은 미지근한 물에 담갔다가 삶으면 빨리 삶아진다.
- 모든 재료는 굵기와 길이가 일정하게 채썰고 색이 흰 채소부터 차례로 볶아낸다.

▲ 잡채용 볶은 재료들 무치기

미나리강회

미나리 강회는 다듬은 미나리를 살짝 데쳐 편육, 달걀지단, 홍고추를 한데 묶어 초고추장에 찍어 먹는 숙회의 일종이다. 봄철의 연한 어린 미나리가 돋아났을 때 만들면 부드러운 질감과 향기로운 맛이 봄철의 미각을 돋우어 주며 주안상이나 교자상에 많이 올린다.

요구사항

1. 강회의 폭은 1.5cm 길이는 5cm 정도로 하시오.
2. 붉은 고추의 폭은 0.5cm, 길이는 4cm로 하시오.
3. 강회는 8개 만들고 초고추장과 함께 제출하시오.

수험자유의사항

1. 만드는 순서에 유의하며, 위생과 숙련된 기능평가를 위하여 조리작업 시 맛을 보지 않습니다.
2. 지정된 수험자지참준비물 이외의 조리기구나 재료를 시험장내에 지참할 수 없습니다.
3. 다음 사항은 실격에 해당하여 채점 대상에서 제외됩니다.
   - 위생복, 위생모, 앞치마, 마스크를 착용하지 않은 경우
   - 시험시간 내에 과제 두 가지를 제출하지 못한 경우
   - 문제의 요구사항대로 과제의 수량이 만들어지지 않은 경우
   - 구이를 조림 등으로 조리하여 완성품을 요구사항과 다르게 만든 경우
   - 불을 사용하여 만든 조리작품이 작품특성에 벗어나는 정도로 타거나 익지 않은 경우
   - 해당과제의 지급재료 이외 재료를 사용하거나 석쇠 등 요구사항의 조리기구를 사용하지 않은 경우
   - 지정된 수험자지참준비물 이외의 조리기구를 조리에 사용한 경우
   - 가스레인지 화구 2개 이상(2개 포함) 사용한 경우
   - 시험 중 시설·장비(칼, 가스레인지 등) 사용 시 시험위원 및 타수험자의 시험 진행에 위해를 일으킬 것으로 시험위원 전원이 합의하여 판단한 경우
4. 항목별 배점은 위생상태 및 안전관리 5점, 조리기술 30점, 작품의 평가 15점입니다.

재료 및 분량

- 미나리 ··· 30g
- 소고기(살코기 길이 7cm) ················· 80g
- 소금 ··· 5g
- 홍고추(생) ·· 1개
- 달걀 ··· 2개
- 식용유 ·· 10ml

[초고추장]
고추장 15g, 식초 5ml, 백설탕 5g

만|드|는|법

① 소고기는 끓는 물에 삶아 눌러서 식힌 후 길이 5cm 폭 1.5cm 두께 0.3cm로 썬다.
② 미나리는 잎을 떼고 다듬어 줄기만 끓는 물에 소금을 넣고 살짝 데쳐서 찬물에 헹구어 물기를 꼭 짠다.
③ 달걀은 황·백으로 분리하여 0.2cm 두께로 부쳐 길이 5cm, 폭 1.5cm되게 썬다.
④ 홍고추는 반으로 갈라 씨를 빼고 길이 4cm, 폭은 0.5cm로 썬다.
⑤ 편육, 백지단, 황지단, 홍고추 순서로 포개어 잡고 미나리로 가운데를 3번 정도 돌려서 감고 꼬치로 마무리한다.
⑥ 접시에 미나리강회 8개를 담고 초고추장을 만들어 함께 낸다.

▲ 편육 썰기

▲ 미나리강회용 재료 준비 모습

▲ 강회 재료 순서대로 올려 감기

▲ 미나리로 감아 꼬치로 끝처리하기

득점 포인트!
- 소고기 편육은 끓는 물에 넣고 삶아야 맛있게 먹을 수 있고 식은 후에 썰어야 부서지지 않는다.
- 홍고추는 안쪽 살을 저며 썰면 강회를 감았을 때 보기 좋다.

육 회

육회는 소고기의 우둔육이나 홍두깨살을 결 반대 방향으로 가늘게 채썰어 양념장에 무쳐서 육회를 만들고, 채 썬 배와 편 썬 마늘을 곁들여서 잣가루를 뿌려 상에 올리는 음식이다.

요구사항

1. 소고기는 0.3cm×0.3cm×6cm로 썰어 소금 양념으로 하시오.
2. 마늘은 편으로 썰어 장식하고 잣가루를 고명으로 얹으시오.
3. 소고기는 손질하여 전량 사용하시오.

수험자유의사항

1. 만드는 순서에 유의하며, 위생과 숙련된 기능평가를 위하여 조리작업 시 맛을 보지 않습니다.
2. 지정된 수험자지참준비물 이외의 조리기구나 재료를 시험장내에 지참할 수 없습니다.
3. 다음 사항은 실격에 해당하여 채점 대상에서 제외됩니다.
    - 위생복, 위생모, 앞치마, 마스크를 착용하지 않은 경우
    - 시험시간 내에 과제 두 가지를 제출하지 못한 경우
    - 문제의 요구사항대로 과제의 수량이 만들어지지 않은 경우
    - 구이를 조림 등으로 조리하여 완성품을 요구사항과 다르게 만든 경우
    - 불을 사용하여 만든 조리작품이 작품특성에 벗어나는 정도로 타거나 익지 않은 경우
    - 해당과제의 지급재료 이외 재료를 사용하거나 석쇠 등 요구사항의 조리기구를 사용하지 않은 경우
    - 지정된 수험자지참준비물 이외의 조리기구를 조리에 사용한 경우
    - 가스레인지 화구 2개 이상(2개 포함) 사용한 경우
    - 시험 중 시설·장비(칼, 가스레인지 등) 사용 시 시험위원 및 타수험자의 시험 진행에 방해를 일으킬 것으로 시험위원 전원이 합의하여 판단한 경우
4. 항목별 배점은 위생상태 및 안전관리 5점, 조리기술 30점, 작품의 평가 15점입니다.

재료 및 분량

- 소고기(살코기) ··············· 90g
- 마늘 ··············· 2쪽
- 배 ··············· 1/4개
- 백설탕 ··············· 20g
- 잣 ··············· 5개

[소고기양념장]
소금 5g, 백설탕 10g, 마늘 1쪽, 대파(흰 부분 4cm) 2토막, 깨소금 5g, 참기름 10ml, 검은 후추 2g

만 | 드 | 는 | 법

❶ 마늘 일부는 두께 0.2cm 편으로 썰고 남은 마늘과 파는 곱게 다진다.

❷ 잣은 고깔을 떼고 종이 위에서 곱게 다져 고슬고슬한 잣가루를 만든다.

❸ 배는 길이 5cm, 폭 0.3cm, 두께 0.3cm로 채썰어 변색되지 않도록 설탕물에 담근다.

❹ 육회용 양념을 섞어 만든다.

❺ 채썬 배는 물기를 제거 한 후 접시 가장자리에 돌려 담고, 마늘 편 썬것도 돌려 담는다.

❻ 소고기는 핏물, 기름, 힘줄을 제거한 살코기를 4cm 길이로 얇게 저며 결 반대방향으로 두께 0.3cm, 폭 0.3cm로 썬다. ❹의 양념장에 무친 다음 배 채 위에 얹어 담는다.

❼ 육회 위에 잣가루를 소복하게 얹어낸다.

▲ 육회용 재료

▲ 육회용 고기 양념하기

▲ 접시에 배 펴기

▲ 배위에 편 썬 마늘 펴기

득점 포인트!
- 육회의 양념에 설탕과 참기름을 넉넉히 넣어야 육회의 빛깔이 곱다.
- 육회의 핏물이 배에 스며들지 않도록 하고, 제출하기 직전에 무친다.

재료썰기

요구사항

1. 무, 오이, 당근, 달걀지단을 썰기 하여 전량 제출하시오.(단, 재료별 써는 방법이 틀렸을 경우 실격 처리됩니다.)
2. 무는 채썰기, 오이는 돌려깎기하여 채썰기, 당근은 골패썰기를 하시오.
3. 달걀은 흰자와 노른자를 분리하여 알끈과 거품을 제거하고 지단을 부쳐 완자(마름모꼴)모양으로 각 10개를 썰고, 나머지는 채썰기를 하시오.
4. 재료 썰기의 크기는 다음과 같이 하시오
   ① 채썰기 - 0.2cm×0.2cm×5cm
   ② 골패썰기 - 0.2cm×1.5cm×5cm
   ③ 마름모형 썰기 - 한 면의 길이가 1.5cm

수험자유의사항

1. 만드는 순서에 유의하며, 위생과 숙련된 기능평가를 위하여 조리작업 시 맛을 보지 않습니다.
2. 지정된 수험자지참준비물 이외의 조리기구나 재료를 시험장내에 지참할 수 없습니다.
3. 다음 사항은 실격에 해당하여 채점 대상에서 제외됩니다.
   • 위생복, 위생모, 앞치마, 마스크를 착용하지 않은 경우
   • 시험시간 내에 과제 두 가지를 제출하지 못한 경우
   • 문제의 요구사항대로 과제의 수량이 만들어지지 않은 경우
   • 구이를 조림 등으로 조리하여 완성품을 요구사항과 다르게 만든 경우
   • 불을 사용하여 만든 조리작품이 작품특성에 벗어나는 정도로 타거나 익지 않은 경우
   • 해당과제의 지급재료 이외 재료를 사용하거나 석쇠 등 요구사항의 조리기구를 사용하지 않은 경우
   • 지정된 수험자지참준비물 이외의 조리기구를 조리에 사용한 경우
   • 가스레인지 화구 2개 이상(2개 포함) 사용한 경우
   • 시험 중 시설·장비(칼, 가스레인지 등) 사용 시 시험위원 및 타수험자의 시험 진행에 위해를 일으킬 것으로 시험위원 전원이 합의하여 판단한 경우
4. 항목별 배점은 위생상태 및 안전관리 5점, 조리기술 30점, 작품의 평가 15점입니다.

재료 및 분량

- 무 ···························· 100g
- 오이(길이 25cm 정도) ············ 1/2개
- 당근(길이 6cm 정도) ············· 1토막
- 달걀 ···························· 3개
- 식용유 ·························· 20ml
- 소금 ···························· 10g

만|드|는|법

❶ 무는 깨끗이 세척 후 5cm 길이로 맞추어 썬 후, 0.2cm 두께의 편으로 썰고 0.2cm로 채를 썬다.

❷ 오이는 소금으로 문질러 씻어 5cm 길이로 맞추어 썬 후, 0.2cm 돌려깎기하여 0.2cm로 채 썬다.

❸ 당근은 5cm 길이로 맞추어 썬 후, 1.5cm 폭으로 썰고 0.2cm두께의 골패썰기를 한다.

❹ 달걀은 흰자, 노른자 분리하여 알끈과 거품을 제거하고 0.2cm 두께의 지단을 부쳐 식혀, 5cm 길이로 맞추어 썬 후 0.2cm 폭으로 채를 썬다.

❺ 달걀은 흰자, 노른자 분리하여 알끈과 거품을 제거하고 지단을 부쳐 식혀, 1.5cm의 너비가 되도록 길이로 자른 후 한 면의 길이가 1.5cm가 되게 마름모형(황, 백 각 10개씩) 썰기를 한다.

❻ 무, 오이 당근, 달걀지단 썬 것을 전량 한 접시에 보기 좋게 담아 완성한다.

▲ 무 채썰기

▲ 오이 돌려깍기

▲ 당근 골패 썰기

▲ 황백지단 마름모 썰기

득점 포인트!
- 달걀지단 고유의 색을 유지하도록 불 조절에 유의한다.
- 요구사항을 유념하여 각 재료의 특징에 맞게 썬다.
- 재료의 전량을 썰어 제출하시오.

한식고급요리

영양밥 • 단호박죽 • 전복죽 • 잣죽 • 흑임자죽 • 온면(장국수) • 골동면 • 규아상 • 아욱된장국 • 삼계탕 • 초교탕
된장찌개 • 두부선 • 떡찜 • 삼색밀쌈 • 어채 • 월과채 • 구절판 • 파강회 • 대하잣즙무침 • 새우전 • 호박전깻잎전
생선전 • 오징어전 • 사슬적 • 삼합장과 • 뱅어포구이 • 다시마매듭지반 • 멸치볶음 • 호두장과 • 죽순채 • 생표고버섯나물
무나물 • 취나물 • 애호박나물 • 느타리버섯나물 • 장김치 • 도라지정과 • 밤초/대추초 • 경단 • 대합구이 • 섭산삼
국수장국 • 비빔국수 • 칼국수 • 만두국 • 소고기전골 • 두부전골 • 닭찜 • 돼지갈비찜 • 북어찜 • 달걀찜
어선 • 오이선 • 호박선 • 채소튀김 • 오이숙장아찌 • 무숙장아찌 • 보쌈김치 • 오이소박이 • 북어보푸라기 • 화전
매작과 • 배숙

영양밥

대추, 밤, 인삼, 버섯, 은행, 콩 등은 단백질, 비타민, 무기질, 섬유질 등이 풍부하여 쌀에 부족한 영양분을 보충하여 주기 때문에 완전한 영양식이 된다.

재료 및 분량

불린쌀	1컵
물	1컵
양대콩	25g
양송이버섯	30g
밤	2개
대추	3개
수삼	1뿌리
은행	4알

[양념장]
간장2큰술, 설탕1/2작은술, 다진실파1큰술, 마늘1작은술, 깨소금2작은술, 참기름1작은술, 후추

만|드|는|법

① 쌀은 씻어서 불려 놓는다.
② 수삼은 손질하여 반으로 자르고, 양송이버섯은 껍질을 벗겨 모양대로 얇게 썬다.
③ 양대콩은 불려놓고, 밤은 껍질을 벗겨서 4등분하고, 대추는 돌려깍아 4등분한다.
④ 은행은 팬에 식용유를 두르고 파랗게 볶아서 키친타올을 깔고 껍질을 벗겨 놓는다.
⑤ 솥에 불린쌀을 넣고 은행을 제외한 다른 재료들을 넣고(은행은 오래 끓으면 색상이 변하기 때문에) 끓는물을 부어 뚜껑을 열고 끓인다.
⑥ 밥이 끓기 시작하면 불을 중불로 줄인다.
⑦ 밥물이 거의 없어지면 약불로 줄이고 은행을 넣어 뚜껑을 덮고 10여분간 뜸을 들인다.
⑧ 골고루 섞어 그릇에 담고 양념장을 곁들인다.

＊ 양대콩은 미리 하루 전에 불려서 삶아야 부드럽다.

단호박죽

호박죽은 영양식, 미용식, 별식, 다이어트식으로 요즈음 여성들에게 인기가 높은 음식이다.

재료 및 분량

단호박	900g
양대콩	30g
찹쌀가루	1/2컵
설탕	2큰술
소금	

만 드 는 법

① 단호박은 껍질을 벗겨서 속을 파내고 얇게 썰어 물을 붓고 단호박이 푹 무르도록 끓인 후, 주걱으로 으깨거나 믹서에 곱게 갈아 놓는다.

② 미리 하루 전에 불려 놓은 양대콩은 1.5배 정도의 물을 부어 삶아 놓는다.

③ 곱게 으깨어 놓은 호박에 삶은 양대콩을 넣고, 중불에서 다시 끓이다가 물에 풀어 놓은 찹쌀가루를 넣고 저어가며 끓인다. 이때 멍울이 생기지 않게 조심해야 한다.

④ 설탕과 소금으로 간을 한다.

* 늙은 호박을 사용하여도 좋으며 특히 늙은 호박은 산후에 부기가 있는 사람에게 좋다.

* 호박은 껍질을 벗기고 삶아서 냉동 저장하였다가 필요시 간편하게 이용하면 좋다.

전복죽

전복은 체내 흡수율이 높아 영양식으로 좋고 건강 회복식으로 좋다.

재료 및 분량

- 전복 ······················· 2개
- 불린쌀 ····················· 1컵
- 참기름 ··················· 2큰술
- 물 ························· 6컵
- 소금

만|드|는|법

1. 쌀은 씻어서 불린 후 물기를 빼고 밀대 또는 분마기로 굵직하게 부수어 놓는다.
2. 전복은 솔로 문질러 씻은 후, 살을 떼어내어 내장을 제거하고 얇게 저며 썰어 놓는다.
3. 냄비에 참기름을 두르고 전복을 볶다가 쌀을 넣어 투명해지도록 충분히 볶은 다음, 물을 부어 센 불에서 저어가며 끓인다. 한번 끓어오르면 불을 약하게 줄여 부드러워질 때까지 조금 더 끓인다.
4. 쌀알이 충분히 퍼지면 소금으로 간을 하여 그릇에 담아낸다.

* 식성에 따라 전복의 내장을 넣어서 끓이기도 하고, 전복의 부드러운 맛을 위하여 전복을 볶다가 따로 덜어놓고, 쌀알이 다 퍼지면 불에서 꺼내기 직전에 볶은 전복을 다시 넣기도 한다.

잣죽

잣 속에는 식물성 지방, 비타민, 마그네슘이 풍부해서 혈관을 튼튼히 해주며 병후 원기회복에 뛰어난 효능이 있다.

재료 및 분량

- 쌀 ·················· 1컵
- 잣 ·················· 1/2컵
- 물 ·················· 5컵
- 소금
- 꿀

만드는 법

1. 쌀은 충분히 불려 물기를 빼 놓는다.
2. 잣은 고깔을 떼어낸다.
3. 믹서에 쌀(1컵)과 물(1컵)을 붓고 곱게 간 다음 고운체에 밭쳐 쌀 물을 받아 놓는다.
4. 잣(1/2컵)도 물(1/2컵)을 넣고 곱게 간다.
5. 냄비에 쌀 갈은 물($3\frac{1}{2}$컵)에 남은 물의 절반을 부어 계속 저어가며 끓이다가 나머지 절반의 물을 붓고 주걱으로 저어가며 되직하게 끓으면 불을 약하게 줄이고, 잣 갈은 것을 넣고 부드러워질 때까지 더 끓인다.
6. 뜨거울 때 그릇에 담고 소금이나 꿀은 따로 담아내도록 한다.

* 끓이는 도중에 멍울이 지지 않도록 계속 잘 저어 주고 잣과 쌀은 따로 갈아 주어야 죽이 삭지 않는다.

흑임자죽

검은깨는 비타민B가 다량으로 함유되어 있어 노화방지에도 효과적이며, 요즈음 블랙푸드가 새로운 웰빙식품으로 각광 받고 있는 이유이기도 하다.

재료 및 분량

- 불린쌀 ·························· 1컵
- 흑임자 ·························· 1/2컵
- 물 ······························· 5컵
- 꿀 ······························· 1작은술
- 소금

만|드|는|법

1. 흑임자는 씻어서 물기를 빼고 볶는다.
2. 쌀은 씻어서 충분히 불려 놓는다.
3. 흑임자에 물(1컵)을 넣어 곱게 갈고 체에 밭쳐 찌꺼기는 버린다.
4. 불린쌀은 물(2컵)과 함께 믹서에 넣어 최대한 곱게 갈아 체에 밭친다.
5. 흑임자 갈은 것에 남은 물(2컵)을 넣고 끓이다가 끓기 시작하면 쌀 갈은 물을 조금씩 부어가며 멍울이 지지 않도록 저으면서 끓인다.
6. 죽에 소금 또는 설탕이나 꿀을 넣어 간을 맞추거나 곁들여 낸다.

* 흑임자는 나물이나 샐러드 드레싱에도 좋고 시중에서 갈아놓은 것을 이용해도 좋다.

온면(장국수)

따뜻한 맑은장국에 말은 국수로 예로부터 잔치나 행사시에 먹었던 음식이다.

재료 및 분량

- 마른국수(소면) ·············· 100g
- 달걀 ······························· 1개
- 애호박 ···························· 80g
- 석이버섯 ························ 2장
- 실고추
- 식용유

[양지머리편육, 육수]
소고기(양지머리)100g, 대파1대, 마늘2개, 통후추, 국간장, 소금

만|드|는|법

① 소고기는 찬물에 덩어리째 넣고 끓인다.
② 편육은 얇게 저며 썰고, 국물은 기름을 걷어내고, 면보에 걸러 국간장과 소금으로 간을 한다.
③ 호박은 돌려 깎아서 채로 썰고, 소금에 잠깐 절인 후 물기를 제거하고 팬에 살짝 볶는다.
④ 석이버섯은 손질하여 채를 썰어 소금, 참기름에 살짝 볶는다.
⑤ 달걀은 황·백 지단을 부쳐 채를 썬다.
⑥ 국수를 삶아서 찬물에 여러 번 헹군 후, 물기를 뺀 다음 뜨거운 육수에 담갔다가 면기에 담고 편육, 호박, 황·백 지단, 석이버섯, 실고추를 얹고 뜨거운 육수를 부어낸다.

＊ 다시멸치의 머리와 내장을 제거하고 멸치육수를 이용하여도 좋다.

골동면

골동면은 여러 가지 찬을 한데 섞어 갖은 양념을 한 국수이다.

재료 및 분량

마른국수(소면) ············ 100g
소고기 ···················· 80g
달걀 ······················ 1개
오이 ······················ 100g
표고버섯 ·················· 2장
석이버섯 ·················· 2장
실고추
소금

[소고기, 표고버섯 양념]
간장1큰술, 설탕1/2큰술, 파1작은술, 마늘1/2작은술, 깨소금1작은술, 참기름1/2작은술, 후추

[국수양념]
간장, 설탕, 깨소금, 참기름

만|드|는|법

① 오이는 반으로 갈라서 어슷하게 얇게 썰고, 소금에 살짝 절인 후 물기를 제거한다.
② 소고기는 곱게 다지고, 표고버섯은 불린 후 포를 떠서 가늘게 채를 썰어 양념한다.
③ 석이버섯은 손질하여 가늘게 채를 썰고 소금, 참기름에 무친다.
④ 달걀은 황·백 지단을 부쳐 가늘게 채를 썬다.
⑤ 팬에 기름을 두르고 오이, 석이버섯, 소고기, 표고버섯 순으로 볶아낸다.
⑥ 국수를 삶아 찬물에 여러 번 헹구어 물기를 빼고 국수양념을 넣어 무친다.
⑦ 국수에 준비한 재료를 반은 남겨놓고, 반은 넣어서 고루 비빈다.
⑧ 비벼놓은 국수를 보기 좋게 담고 그 위에 남겨놓은 재료를 얹어서 황·백 지단채와 석이버섯, 실고추를 올린다.

* 최근에는 생채소들을 비빔국수에 올리기도 하지만 예전에는 모든 재료를 볶아서 골동면에 올렸다.

규아상

규아상의 또 다른 이름인 '미만두'는 해삼모양으로 등에 주름이 잡혔다하여 옛말에 해삼을 '미'라고 붙여진 이름이며 궁중에서 여름에 먹던 만두이다.

재료 및 분량

소고기(우둔) ·············· 60g
표고버섯 ················· 3장
오이 ··················· 100g
잣 ···················· 1큰술
소금
식용유

[만두피]
밀가루1컵, 소금물4큰술

[소고기, 표고버섯양념]
간장1큰술, 설탕1작은술, 파2작은술, 마늘1작은술, 참기름1작은술, 깨소금1작은술, 후추

[초간장]
간장1큰술, 식초1/2큰술, 설탕1작은술

만|드|는|법

① 밀가루는 소금물로 반죽하여 면보에 싸서 준비해 놓는다.
② 표고버섯은 따뜻한 물에 불려서 가늘게 채를 썰고 소고기는 곱게 다져서 각각의 양념으로 무쳐 놓는다.
③ 무쳐놓은 소고기와 표고버섯을 팬에 볶아 놓는다.
④ 오이는 4cm길이로 돌려깎기 하여 소금에 절였다가 물기 제거 후 팬에 볶아서 식힌다.
⑤ 오이와 소고기, 표고버섯을 고루 섞어 소를 만든다.
⑥ 면보에 싸놓은 밀가루 반죽을 얇게 밀어서 지름 8cm크기로 둥글게 밀어 놓는다.
⑦ 만두피에 갸름하게 만두소와 잣을 넣고 해삼처럼 주름을 꼬집듯이 잡아가며 빚는다.
⑧ 김이 오른 찜통에 담쟁이 잎을 깔고 만두를 겹치지 않게 놓은 다음 8~10분정도 찐다.
⑨ 접시에 담쟁이 잎을 깔고 규아상을 보기 좋게 담아서 초간장을 곁들인다.

아욱된장국

아욱은 무기질과 칼슘이 많이 함유되어 있어 청소년들에게도 좋은 음식이다.

재료 및 분량

아욱 300g
마른새우 30g

[국물]
된장3큰술, 파1큰술, 마늘1/2큰술,
소금, 후추

만 | 드 | 는 | 법

① 아욱은 껍질을 벗겨서 푸른 물이 빠지도록 손으로 여러 번 치대어 씻어 낸다.(여러 번 치대어야 풋내가 나지 않는다.)
② 냄비에 찬물을 올려서 마른새우를 넣고 은근하게 끓인 후 체에 걸러서 새우육수를 만든다.
③ 된장을 체에 걸러서 새우육수에 풀어 넣는다.
④ ③에 아욱을 넣어 끓이다가 파, 마늘을 넣고 아욱이 부드러워질 때까지 부드럽게 끓인다.
⑤ 마지막으로 소금과 후추로 간을 한다.
⑥ 그릇에 보기 좋게 담아낸다.

* 아욱은 줄기와 잎을 손질하여 손으로 치대서 여러번 헹구어야 풋내가 없어지고 부드럽다.

삼계탕

인삼, 밤, 대추, 마늘 등을 넣고 푹 곤 영계백숙은 강장효과가 뛰어나 몸이 허약해지기 쉬운 여름철에 보양식으로 좋다.

재료 및 분량

- 영계 ·············· 1마리
- 수삼 ·············· 2뿌리
- 은행 ·············· 7알
- 밤 ················ 2개
- 대추 ·············· 3개
- 마늘 ·············· 5개
- 불린찹쌀 ·········· 4큰술

[육수]
닭뼈, 닭발, 대파1대, 양파40g, 마늘3개, 생강30g, 통후추, 마른고추 1개, 물7컵

만|드|는|법

① 냄비에 닭뼈와 닭발을 깨끗이 씻어서 향신채소와 함께 넣고 푹 끓인다.
② 육수가 충분히 끓여 졌으면 면보에 깨끗이 걸러 놓는다.
③ 닭은 소금으로 뱃속까지 깨끗이 문질러 씻은 후 다리 안쪽에 칼집을 넣는다.
④ 닭 뱃속에 찹쌀, 마늘, 밤을 넣고 칼집 사이에 다리를 끼워 찹쌀이 빠지지 않게 한다.
⑤ 육수에 닭, 수삼, 대추를 넣고 센 불에서 끓이다가 약불로 줄여 푹 끓인다.
⑥ 닭이 익으면 건져두고 국물은 식혀서 면보에 거른다.
⑦ 그릇에 닭, 수삼, 대추를 담고 육수를 뜨겁게 데워서 붓는다.
⑧ 소금과 후추를 곁들이고, 파를 송송 썰어서 함께 곁들이기도 한다.

* 삼계탕의 육수는 발, 등뼈, 목뼈와 함께 향신채소를 넣고 끓인다.

초교탕

초교탕은 궁중에서 즐겨 먹던 궁중탕의 하나이다.

재료 및 분량

[닭 삶기]
닭1/2마리, 대파1대, 마늘2개, 생강 1쪽, 통도라지30g, 미나리50g, 소고기50g, 표고버섯2장, 달걀1개, 밀가루2큰술, 소금

[닭살, 도라지, 미나리 양념]
소금1/2작은술, 국간장1작은술, 파1작은술, 마늘1/2작은술, 생강즙1/2작은술, 참기름1작은술, 후추

[소고기, 표고버섯양념]
국간장1작은술, 파1작은술, 마늘1/2작은술, 참기름1/2작은술

만 | 드 | 는 | 법

① 닭은 전처리 손질을 하여 향신채소와 함께 물(8컵 정도)을 부어 삶는다.
② 닭이 익으면 살은 찢고 국물은 식혀 면보에 밭친다.
③ 도라지는 가늘게 찢거나 썰어서 소금을 넣고 주물러서 쓴맛을 빼고, 미나리는 줄기만 다듬고 3cm 길이로 썰어서 끓는물에 데친다.
④ 소고기는 곱게 다지고, 표고버섯은 불려서 기둥을 떼고 채를 썰어 양념을 한다.
⑤ 도라지, 미나리, 소고기, 표고버섯을 모두 합쳐서 밀가루와 달걀을 넣어 고루 섞는다.
⑥ 닭 국물에 간을 맞춰 끓이면서 ⑤의 반죽한 건더기들을 한 숟가락씩 떠 넣어가면서, 건더기가 떠오르면 불을 끄고 참기름과 후추를 넣는다.

* 초교탕은 밀가루로 개어 끓인 것이어서 오래두면 불어서 맛이 없으므로 건더기를 따로 마련해 두었다가 즉시 끓여서 내는 것이 좋다.

된장찌개

'조치' 란 궁중에서 찌개를 일컫는 말이고 건지가 국보다는 많고 간은 센 편으로 밥에 따르는 찬품이다.

재료 및 분량

된장 ·················· 3큰술
소고기 ················ 50g
두부 ·················· 40g
애호박 ················ 40g
표고버섯 ··············· 1장
풋고추 ················ 2개
홍고추 ················ 1개
대파 ·················· 1/2대
마늘 ·················· 1/2작은술
고춧가루 ··············· 1작은술

[소고기양념]
간장1/2큰술, 파1/2작은술, 마늘1/3작은술, 참기름1/3작은술

[된장육수]
쌀뜨물4컵, 된장3큰술, 고춧가루1작은술, 마늘1작은술

만|드|는|법

① 소고기는 너붓하게 저며 썰어서 양념한다.
② 두부는 사방 2.5cm정도 크기로 썬다.
③ 호박은 0.5cm두께로 은행잎 모양으로 썰고 표고버섯도 같은 모양으로 썬다.
④ 대파와 고추는 어슷하게 썰어 놓는다.
⑤ 된장을 체에 밭쳐 쌀뜨물에 풀어 넣고, 팔팔 끓으면 다진마늘을 넣어 된장국물을 만든다.
⑥ 냄비에 소고기를 넣어 볶다가 된장국물을 붓고 잠깐 끓인 후, 호박과 표고버섯을 넣고 마지막으로 두부를 넣어서 끓인다.
⑦ ⑥에 대파, 풋고추를 넣고 꺼내기 직전에 마지막으로 고춧가루를 넣는다.

* 예전에는 된장을 오래 끓여야 구수하고 맛이 있다고 하였으나 최근에 웰빙식으로는 잠깐만 끓이거나 일부는 된장을 끓이고 일부는 된장을 육수에 타서 살짝만 끓여준다.

두부선

두부는 필수아미노산이 풍부한 양질의 급원식품이다. 또한 리놀산을 함유하고 있어 콜레스테롤을 낮추어 준다.

재료 및 분량

- 두부 ······················ 1/2모(300g)
- 닭가슴살 ························ 50g
- 건표고버섯 ························ 1장
- 달걀 ····························· 1개
- 석이버섯 ························ 3장
- 잣 ······················· 1작은술
- 실고추 ························· 약간

[찜양념장]
소금1작은술, 설탕1작은술, 파2작은술, 마늘1작은술, 생강즙1/2작은술, 참기름1작은술, 깨소금1작은술, 후추약간

[겨자초장]
겨자1큰술, 설탕1작은술, 식초1큰술, 간장1작은술, 소금약간

만드는 법

1. 닭고기는 살만을 발라서 곱게 다지거나 또는 닭가슴살을 이용한다.
2. 두부를 면보에 싸서 물기를 뺀 다음 도마에 놓고 한쪽 끝에서부터 칼을 눕혀서 곱게 으깬다.
3. 표고버섯은 불려서 기둥을 떼고 포를 떠서 곱게 다진다.
4. 석이버섯은 불린 후 비벼서 손질하고 돌돌 말아 곱게 채를 썬다.
5. 실고추를 3cm길이로 끊어 놓는다. 잣은 고깔을 떼고 길게 반 가른다.
6. 달걀을 황·백으로 나누어 지단을 부쳐서 채 썬다.
7. 두부와 고기는 찜 양념장을 넣고 고루 섞는다. 젖은 행주를 펴고 양념한 두부와 고기를 1cm두께로 고르게 펴놓는다.
8. ❼위에 표고버섯, 석이버섯, 지단채, 실고추, 비늘잣을 고루 얹고 젖은 행주를 덮어 살짝 누른다. (고명이 잘 밀착 되도록)
9. 찜통에 넣고 10분정도 쪄내어 한 김 식힌 다음 네모지게 썰어서 겨자초장을 곁들인다.

* 두부의 위에 올리는 고명은 최대한 가늘게 채 썰어 눌러 주어야 쪄냈을 때 밀착하여 보기가 좋다.

떡찜

흰가래떡은 예로부터 연초에 먹으면 한 해 동안 무병장수한다는 유래가 있다.

재료 및 분량

흰떡300g, 소고기(우둔)50g, 사태 100g, 당근50g, 표고버섯2장, 미나리 20g, 은행5알, 달걀1개

[사태 삶기]
소고기(사태)100g, 대파1뿌리, 마늘1쪽, 물4컵

[사태양념]
간장1/2작은술, 설탕1/3작은술, 파1/2작은술, 마늘1/2작은술, 깨소금1/3작은술, 참기름1/3작은술, 후추

[우둔양념]
간장1작은술, 설탕1/2작은술, 파1/2작은술, 마늘1/2작은술, 깨소금, 참기름

[찜양념]
간장3큰술, 설탕1 $\frac{1}{2}$ 큰술, 파1큰술, 마늘1/2큰술, 깨소금2작은술, 참기름 2작은술, 후추

만|드|는|법

1. 사태는 대파, 마늘등 향신채소와 함께 물에 넣고 부드럽게 삶는다.
2. 무와 당근은 4cm크기로 썰어서 모서리를 다듬고 설익게 삶아낸다.
3. 삶은 사태는 큼직하게 썰어 양념을 하고 육수는 식혀서 기름을 걷어낸다.
4. 소고기는 곱게 다져 양념을 하고 표고버섯은 불려서 2~4등분을 하고 나머지는 4cm 길이로 썬다.
5. 흰떡은 4cm 길이로 토막을 낸 다음 양쪽 끝을 1cm 정도 남기고 칼집을 길이로 넣어서 끓는물에 살짝 데쳐 놓고, 양념해놓은 소고기를 칼집사이에 끼워 놓는다.
6. 황·백 지단은 마름모형으로 썰고 은행은 파랗게 볶아 껍질을 벗긴다.
7. 냄비에 삶은 사태, 당근, 무와 함께 찜 양념장의 2/3를 넣고 재료가 잠길 정도로 육수를 부어 중불에서 끓이다가 채소와 고기에 간이 배이면 떡을 넣고 남은 양념장으로 찜을 한다.
8. 국물이 거의 졸아들면 미나리와 은행을 넣고 불을 끈 후 그릇에 보기좋게 담아 지단을 고명으로 얹는다.

* 사태는 다른 고기보다 질긴 부분이 많아 고기를 먼저 부드럽게 삶은 후, 양념장을 약하게 하고 오래 끓여야만 고기가 부드러우면서 맛이 순하다.

삼색밀쌈

밀쌈은 가능한 한 속 재료가 보일 정도로 얇게 부치고 맛은 담백해야 좋다.

재료 및 분량

소고기(우둔)80g, 표고버섯5장, 오이 200g, 당근60g, 죽순60g, 청피망 50g, 소금, 식용유

[고기, 표고버섯양념장]
간장, 설탕, 파, 마늘, 참기름, 깨소금, 후추

[치자양념]
밀가루1컵, 물1컵, 치자 우린물1/4컵, 소금1/3작은술

[녹차전병]
밀가루1컵, 물1/4컵, 녹차가루1/4작은술, 소금1/3작은술

[밀전병]
밀가루1컵, 물1¼컵, 소금1/3작은술

[겨자초간장]
발효겨자1/2작은술, 간장1큰술, 식초1/2큰술, 설탕1/2작은술, 물1큰술

만|드|는|법

1. 오이는 5cm길이로 돌려깎기 하여 곱게 채를 썰어서 소금에 절여 놓는다.
2. 절여놓은 오이는 물기를 짜서 팬에 살짝 볶으면서 참기름을 넣는다.
3. 당근, 죽순, 청피망은 5cm길이로 채를 썰어 소금, 참기름으로 볶는다.
4. 소고기는 결대로 가늘게 채를 썰고 양념하여 팬에 볶아낸다.
5. 표고버섯은 따뜻한 물에 불려 기둥을 떼어내고, 포를 떠서 곱게 채를 썬 다음 양념을 하여 팬에 볶는다.
6. 겨자는 발효시켜 겨자초간장을 만든다.
7. 밀가루에 소금과 물을 넣고 풀어서 치자우린물 반죽, 녹차가루 반죽, 흰 밀가루 반죽등 삼색으로 반죽을 한다.
8. 팬에 기름을 두르고 밀전병을 가로 20cm, 세로 7cm크기로 부친다.
9. 밀전병에 준비한 재료를 가지런히 놓고 지름이 2cm정도 되게 단단하게 말아서 4cm 길이로 썬다.
10. 접시에 밀쌈을 8개 이상 보기 좋게 담고 겨자초간장을 곁들여 낸다.

* 밀전병은 부칠때 물과 밀가루의 비율에 유의한다.

어채

채소와 여러 가지 어·육류가 들어감으로써 일종의 '잡숙채'라 하는데, 생선이 주재료가 되기 때문에 숙회의 일종으로 '어채'라 한다.

재료 및 분량

흰살생선(민어, 대구, 동태) ······ 200g
오이 ······························· 80g
홍고추 ····························· 2개
풋고추 ····························· 2개
표고버섯 ··························· 3장
석이버섯 ··························· 2장
달걀 ································ 1개
소금
흰후추
녹말가루 ·························· 50g

[생선밑간]
소금, 청주, 생강즙

[초고추장]
고추장1큰술, 식초1큰술, 설탕2작은술, 레몬즙1작은술

만|드|는|법

① 생선은 세장뜨기 하여 두께 0.7cm 정도로 포를 떠서 가로 6cm, 세로 2.5cm정도의 크기로 썬 후 소금, 청주, 생강즙을 뿌린다.
② 달걀은 황·백으로 나누어 지단을 부쳐서 1cm×4cm 크기로 썬다.
③ 고추는 반으로 갈라 씨를 빼고 표고버섯은 깨끗하게 손질하여 달걀 지단과 같은 크기로 썬다.
④ 오이는 소금으로 문질러 씻은 후 껍질부분을 돌려깎기하여 1cm×4cm 크기로 썬다.
⑤ 생선, 오이, 고추, 표고버섯, 석이버섯에 녹말가루를 묻혀 수분이 완전히 흡수되도록 잠시 놓아둔다.
⑥ 물이 끓으면 소금을 넣고 ⑤의 재료를 살짝 익힌 다음 찬물에 헹구어 식히고 나머지 재료도 같은 방법으로 2~3번 반복한다.
⑦ 접시에 색상별로 돌려 담고 가운데는 생선을 놓고 초고추장을 곁들여 낸다.

* 어채는 생선을 끓는물에 살짝 익힌 숙회이다.
* 끓는물에 생선을 한꺼번에 넣지 않도록 주의한다.

월과채

월과는 박과의 한해살이 덩굴풀로 열매는 오이처럼 식용으로 사용하나 애호박을 쓰기도 한다.

재료 및 분량

- 애호박 ············· 1개
- 소고기(우둔) ········ 60g
- 찹쌀가루 ············ 60g
- 표고버섯 ············ 2장
- 느타리버섯 ·········· 40g
- 홍고추 ·············· 1개
- 달걀 ················ 1개
- 식용유

[소고기, 표고버섯양념]
간장1큰술, 설탕1/2큰술, 파2작은술, 마늘1작은술, 깨소금1작은술, 참기름1작은술, 후추

[느타리버섯양념]
소금, 참기름

만|드|는|법

① 애호박은 길게 반 갈라서 반달썰기하고 눈썹모양으로 씨를 뺀 후 소금에 살짝 절여서 물기를 제거한다.
② 고기는 다져서 넣거나 또는 채를 썰어서 놓고, 건표고버섯도 불려서 채를 썰어 양념해 놓는다.
③ 당근, 양파가 나오면 채 썰어서 넣고, 홍고추는 반으로 갈라 씨를 빼고 4cm길이로 채를 썬다.
④ 느타리버섯은 끓는물에 데쳐서 손으로 찢는다.(소금, 흰 후추, 참기름)
⑤ 황·백 지단을 부쳐 가로 4cm, 폭 0.5cm크기로 썬다.
⑥ 팬에 식용유를 두르고 애호박을 파, 마늘, 참기름을 넣어 파랗게 볶아 식히고 느타리버섯, 소고기, 표고버섯도 양념하여 각각 볶아낸다.
⑦ 잣은 고깔을 떼고 곱게 다져서 보슬보슬하게 만든다.
⑧ 찹쌀가루에 소금 간을 한 다음, 익반죽을 하여 0.3cm두께로 동글납작하게 빚어서 팬에 식용유를 두르고 지져내어 4cm×1cm 크기로 썬다.
(또는 동전 모양으로 빚어서 부쳐 내기도 한다)
⑨ 찹쌀 전병을 볶은 재료와 섞어 그릇에 담고 잣가루를 뿌린다.

* 찹쌀전병은 화전을 부치는 방법으로 되직하게 반죽하며, 여기에 약간의 밀가루를 섞어주면 부치기도 쉽고 완성 후에도 덜 달라붙는다.

구절판

구절판은 궁중식과 민간식으로 크게 구분되며 또, 진 구절판과 건(마른)구절판의 2가지로 나누어진다.

재료 및 분량

소고기(우둔살)100g, 표고버섯4장, 오이1개, 당근1/2개, 석이버섯10g, 숙주150g, 달걀3개, 파, 마늘, 밀가루, 겨자가루, 식용유, 소금, 후추

[고기, 표고버섯 양념]
간장1½큰술, 설탕2작은술, 파2작은술, 마늘1작은술, 참기름2작은술, 깨소금2작은술, 후추약간

[밀전병반죽]
밀가루1컵, 소금1/2작은술, 물1컵

[겨자장]
갠겨자1큰술, 물1큰술, 식초1큰술, 설탕1큰술, 간장1작은술

[초간장]
간장2큰술, 식초1큰술, 물1큰술, 설탕1/2큰술

만드는법

① 밀가루는 동량의 물과 소금을 약간 넣고 풀어서 체에 내린다.
② 숙주는 거두절미하고 끓는물에 데쳐 소금과 참기름으로 밑간을 한다.
③ 오이는 씻어서 5cm길이로 잘라 0.2cm정도의 두께로 돌려깍기 한 후 채 썰어 소금에 절였다가 물기를 꼭 짜고, 당근도 오이와 같은 크기로 채 썰어 소금에 절였다가 물기를 짜 놓는다.
④ 표고버섯은 물에 불려서 기둥을 떼어내고 포를 떠서 곱게 채 썰고, 소고기도 같은 길이로 채 썰어 소고기·표고버섯 양념장에 재운다.
⑤ 석이버섯은 더운물에 불려 손질 한 후 곱게 채 썰어 소금, 참기름으로 간을 한다.
⑥ 달걀을 황·백으로 나누어 소금을 약간 넣고 잘 풀어서 지단을 얇게 부치고 5cm길이로 가늘게 채 썬다.
⑦ 팬에 기름을 약간 두르고 밀전병 반죽을 떠서 지름 6cm가 되게 둥글고 얇게 부쳐 식힌 다음 여러 장을 겹쳐 구절판 가운데 담아 놓는다.
⑧ 팬에 기름을 두르고 오이, 당근, 석이버섯, 양념한 표고버섯, 소고기 순으로 볶는다.
⑨ 구절판 틀에 밀전병과 함께 여덟 가지 재료를 같은 색끼리 마주보도록 담아내고 겨자장과 초간장을 곁들인다.

* 구절판은 대표적인 전채요리로 담백한 맛을 내야 한다.

파강회

파강회는 숙회의 일종으로 미리 양념하지 않고 양념에 찍어 먹는 채소회의 하나이다.

재료 및 분량

쪽파 ·············· 80g
소고기 ·············· 80g
달걀 ·············· 1개
홍고추 ·············· 2개

[소고기삶기]
대파1/2대, 마늘1개, 생강1/3쪽

[초고추장]
고추장2큰술, 식초1큰술, 설탕 1/2큰술, 마늘즙1작은술, 생강즙1/3작은술, 레몬즙1큰술

만|드|는|법

① 소고기는 끓는물에 향신채소(파, 마늘, 생강)를 넣고 삶아서 건져 놓는다.
② 삶아 놓은 소고기는 면보에 싸서 눌러 놓는다.
③ 쪽파는 끓는물에 소금을 넣고 데쳐낸다.
④ 달걀은 황·백 지단으로 도톰하게 부쳐서 4cm×0.3m로 썬다.
⑤ 홍고추는 씨를 제거하고 달걀 지단과 같은 크기로 썬다.
⑥ 편육도 지단과 같은 크기로 썬다.
⑦ 편육, 홍고추, 지단을 실파로 감는다.
⑧ 파강회를 접시에 담고 초고추장을 곁들인다.

* 강회로 쓰이는 주재료는 미나리, 실파가 대표적이다.

대하잣즙무침

잣즙소스로 무친 것으로 궁중에서 교자상에 올리는 귀한 음식이다.

재료 및 분량

대하 ·················· 5마리
죽순 ·················· 40g
오이 ·················· 80g
식용유

[소고기편육]
소고기(사태)100g, 생강1/2쪽, 대파1/2뿌리, 마늘1쪽, 물2컵

[대하밑간]
소금, 청주1큰술, 흰후추

[잣즙]
잣4큰술, 소금1/3작은술, 참기름1/2작은술, 새우육수3큰술, 흰후추

만|드|는|법

① 대하는 등쪽의 내장을 빼고 소금, 청주, 흰후추를 뿌려서 밑간해 놓는다.
② 밑간해 놓은 대하는 대파, 마늘, 생강을 편으로 썰어 얹어서 찜통에 10분정도 쪄낸다.
③ 쪄낸 대하는 껍질을 벗겨 길이로 반을 저미고 육수는 체에 걸러서 잣즙에 사용한다.
④ 사태는 덩어리째 향신채소(파, 마늘, 생강)을 넣고 삶아서 길이 6cm, 폭 1cm, 두께 0.3cm 크기로 썬다.
⑤ 죽순은 끓는물에 살짝 데쳐 4cm길이의 빗살모양으로 썬다.
⑥ 오이도 사태와 같은 크기로 썰어 소금에 살짝 절인다.
⑦ 죽순과 오이는 달군 팬에 식용유를 약간 두르고 재빨리 볶아서 식힌다.
⑧ 잣가루를 보슬보슬하게 만들어 소금, 흰후추, 참기름, 새우육수를 넣고 한참을 고루 저어서 잣즙을 만든다.
⑨ 대하, 편육, 죽순, 오이를 차게 식힌 후 잣즙으로 고루 무쳐서 접시에 보기 좋게 담아낸다.

* 대하는 찌거나 데칠때 껍질째 넣어야 새우의 색이 선명하게 유지된다.

새우전

새우에는 콜레스테롤이 많이 함유되어 있지만 콜레스테롤을 억제시키는 타우린이 함께 함유되어 있어 적당량의 섭취는 크게 영향을 받지 않는다.

재료 및 분량

- 새우 ·················· 6마리
- 달걀 ·················· 1개
- 밀가루
- 식용유
- 소금
- 흰후추

만|드|는|법

1. 새우는 꼬챙이로 등쪽 내장을 제거한 후 머리를 떼어내고 꼬리쪽의 한마디와 꼬리 지느러미를 남기고 나머지는 껍질을 벗긴다.
2. 새우 등쪽에 칼집을 넣어 살을 펼쳐 오그라들지 않게 잔칼집을 넣는다.
3. 새우의 물기를 제거하고 소금과 흰후추를 뿌린다.
4. 새우에 밀가루를 묻히고 달걀을 씌워 지져낸다.
5. 고명으로 장식을 하여도 좋다.

* 새우의 내장은 반드시 처음 손질할 때 빼내도록 한다. 그래야 깨끗하게 부칠 수 있다. 새우의 꼬리부분도 손질하여야 색이 선명하다.

호박전

호박은 서민들에게 중요한 부식으로 다양한 조리법으로 응용이 가능하다.

재료 및 분량

애호박 ·················· 1/2개
달걀 ······················ 1개
밀가루
소금
식용유

만|드|는|법

① 애호박은 0.5cm두께로 둥글게 썰어서 소금에 살짝 절여 놓는다.
② 절여놓은 호박의 물기를 닦는다.
③ 애호박에 밀가루를 묻힌 다음 달걀을 씌워 지져낸다.
④ 고명으로 장식을 하여도 보기좋다.

* 호박의 싱싱한 맛을 그대로 유지하고 싶을 때는 소금에 절이지 않고 사용하면 좋다.

깻잎전

들깻잎에는 무기질과 비타민A와 C가 풍부하며 향신채소로의 사용에도 좋다.

재료 및 분량

깻잎······················10장
소고기·····················50g
두부·······················30g
달걀························1개
밀가루

[소고기, 두부양념]
소금1/4작은술, 파, 마늘, 참기름, 후추, 깨소금

[초간장]
간장1큰술, 식초1/2큰술, 설탕 1/2작은술

만|드|는|법

① 깻잎은 작은 것을 골라 물기를 제거한다.
② 소고기는 곱게 다져 물기를 제거한다.
③ 두부는 면보로 물기를 제거하고 도마에 놓고 칼등으로 곱게 으깨어 놓는다.
④ 소고기와 두부를 양념하여 끈기가 생기도록 많이 치댄다.
⑤ 깻잎 안쪽에 밀가루를 묻히고 양념한 소를 넣어 깻잎을 반으로 접어서 밀가루를 묻히고 달걀을 입힌 후 양면이 노릇하도록 지져낸다.
⑥ 초간장을 곁들인다.
   (초간장에 잣가루를 곁들이기도 한다)

생선전

전유어 감으로는 비린맛이 덜한 대구, 동태, 민어, 숭어 등 흰살생선이 좋다.

재료 및 분량

- 동태 ······················· 1마리
- 달걀 ······················· 2개
- 쑥갓 ······················· 약간
- 밀가루
- 식용유
- 소금
- 흰후추

[초간장]
간장1큰술, 식초1/2큰술, 설탕1/2작은술, 잣가루약간

만|드|는|법

1. 생선은 깨끗이 손질하여 세장뜨기를 한다.
2. 5cm×4cm, 두께 0.5cm로 생선포를 떠서 소금과 흰후추를 뿌린다.
3. 생선의 물기를 제거하고 밀가루를 묻혀 여분의 가루는 털어낸 후 달걀노른자를 씌워 기름 두른 팬에 쑥갓을 고명으로 얹어서 노릇하게 지져낸다.
4. 접시에 보기 좋게 담아내고 초간장을 곁들인다.
5. 초간장에 잣가루를 곁들인다.

* 생선살을 곱게 다져서 생선전을 하는 방법도 있다.

오징어전

오징어는 타우린이 풍부하게 들어있어 혈액속의 콜레스테롤을 낮추어 준다.

재료 및 분량

오징어 ·················· 1마리
소고기(우둔) ············ 30g
달걀 ···················· 1개
두부 ···················· 30g
밀가루 ·················· 70g
소금
식용유
참기름
후추
파
마늘

[초간장]
간장1큰술, 식초1큰술, 물1큰술, 설탕1/2작은술

만|드|는|법

① 오징어는 껍질을 벗기고 안쪽을 대각선방향으로 칼집을 넣는다.
② 칼집 넣은 오징어를 소금을 넣고 살짝 데쳐낸다.
③ 소고기(우둔살)는 핏물을 제거하고 곱게 다진다.
④ 두부는 물기를 제거 후 곱게 으깨어 놓는다.
⑤ 소고기와 두부를 양념하여 치대어 동그랗게 완자를 빚어 놓는다.
⑥ 칼집을 넣어 데쳐낸 오징어를 적당한 길이로 둥글게 썬다.
⑦ 칼집 넣은 오징어에 밀가루를 묻히고 완자를 넣어 달걀을 묻혀서 둥글게 살짝 지져낸다.
⑧ 초간장을 곁들여 낸다.

* 갑오징어 등뼈는 예전에 민간요법에서 지혈제로 많이 사용하였다.

사슬적

사슬같이 소고기와 생선을 번갈아 꼬치에 꿰였다고 하여 '사슬적' 이라 한다.

재료 및 분량

흰살생선 ·················200g
소고기 ··················100g
두부 ····················40g
잣 ······················10g
소금
밀가루
식용유

[생선양념]
소금, 흰후추

[소고기, 두부 양념]
소금1/2작은술, 설탕1작은술, 파 1작은술, 마늘1/2작은술, 참기름, 깨소금1작은술, 후추

만|드|는|법

① 생선은 세장뜨기를 하여 껍질을 벗기고 포를 떠서 폭 1.2cm, 길이 6cm, 두께 0.7cm 정도로 썰어 소금과 흰후추를 뿌린다.
② 소고기는 곱게 다지고 두부는 물기를 짜고 곱게 으깨어 소고기와 섞어서 양념을 한 후 끈기가 생기게 치대어 놓는다.
③ 많이 치댄 소고기와 두부를 생선과 같은 크기로 만든다.
④ 꼬치에 생선을 1.2cm씩 간격을 띄워 가며 3개를 끼운다.
⑤ 양념한 고기를 생선 사이사이에 채워서 고르게 눌러 붙인다.
⑥ 팬에 식용유를 두르고 고루 지져낸다.
⑦ 잣을 곱게 다진다.
⑧ 접시에 담아내고 잣가루를 뿌린다.

＊ 고기와 생선을 꼬치에 꿰어 구우면 1~2cm정도 줄어드는 것을 감안하여 길이를 자르도록 하고 생선살이 부스러지지 않게 익히는 시간조절도 필요하다.

삼합장과

'장과' 란 궁중에서 장아찌를 부르던 용어이며 '삼합' 이란 전복, 해삼, 홍합의 세 가지 조개류를 말한다.

재료 및 분량

- 소고기(우둔살) ············ 50g
- 홍합 ······················· 100g
- 불린해삼 ····················· 50g
- 생전복 ························ 1마리
- 소라 ·························· 2마리
- 대파 ························ 1/3뿌리
- 마늘 ··························· 2쪽
- 생강 ··························· 1톨
- 잣 ····························· 4알

[고기양념]
간장 1작은술, 설탕 1/2작은술, 참기름, 후추약간씩

[조림장]
간장 2큰술, 물 1/2컵, 설탕 1큰술, 후추약간, 참기름 1작은술

만|드|는|법

1. 마늘과 생강은 편으로 썰어 놓고, 대파는 흰 부분으로 준비하여 3cm길이로 썬다.
2. 잣은 고깔을 떼어내고 종이나 키친타올을 깔고 고슬고슬하게 다진다.
3. 홍합은 깨끗이 손질하여 소금물에 씻어 끓는 소금물에 데쳐낸다.
4. 불린 해삼은 내장을 제거하여 씻은 후 어슷하게 저며 썬다.
5. 소고기는 0.3cm로 납작하게 저며 썰어 고기양념에 재운다.
6. 전복의 껍질은 솔로 깨끗이 씻고, 살의 검은 막은 소금으로 문질러 씻은 다음 내장을 제거하고 얇게 저민다.
7. 냄비에 조림장을 넣고 끓어오르면 마늘, 생강과 소고기를 먼저 넣어 졸이다가 소고기가 익으면 후추를 넣고 해삼, 홍합, 전복을 넣어 골고루 간이 배이도록 저어가면서 뚜껑을 열고 윤기나게 조린다.
8. 국물이 거의 졸아들면 참기름을 넣고 고루 섞어 그릇에 담아 잣가루를 뿌린다.

* 마늘, 생강편은 너무 얇게 썰지 않도록 주의한다.

뱅어포구이

뱅어는 이른 봄과 겨울철에 나는 생선으로 칼슘함유량이 많아서 특히 청소년, 여성에게 권장할만한 식품이다.

재료 및 분량

뱅어포 ····················· 5장
식용유 ····················· 2큰술

[구이양념장]
고추장3큰술, 설탕1큰술, 간장 1/2작은술, 파2작은술, 마늘1작은술, 깨소금2작은술, 참기름1작은술, 물엿1큰술, 후추

만|드|는|법

① 뱅어포는 잡티를 골라낸다.
② 대파와 마늘을 곱게 다져 양념장을 만든다.
③ 뱅어포 한 면에 양념장을 골고루 펴 발라서 잠시 두고 마르게 한다.
④ 달군 팬에 식용유를 두르고 뱅어포를 약불에서 서서히 굽는다.
    (또는 석쇠에 굽기도 한다)
⑤ 뱅어포구이가 식으면 4cm×2cm 크기로 썰어서 담아낸다.

다시마매듭자반

다시마는 칼슘과 요오드 외에 알칼리성 무기질이 많아 고혈압의 발생을 억제하는데 효과가 있다.

재료 및 분량

- 다시마 ······················· 30g
- 잣 ·························· 10g
- 설탕 ······················· 1큰술
- 식용유 ······················ 2컵

만|드|는|법

1. 다시마는 젖은 면보로 먼지를 깨끗이 닦아서 폭 0.5cm, 길이 8cm 크기로 자른다.
2. 잣은 고깔을 떼어낸다.
3. 다시마는 한 개씩 매듭을 매어 그 매듭 사이에 잣을 한 알씩 넣어 빠지지 않게 잘 당긴다.
4. 150℃ 정도의 식용유에 바삭하게 튀긴 다음, 여분의 기름을 빼고 식기 전에 설탕을 뿌린다.
5. 접시에 보기 좋게 담아낸다.

* 다시마는 구워서 가루로 만들어 찌개나 국에 이용하면 편리하다.

멸치볶음

칼슘의 왕인 멸치는 임산부, 발육기의 어린이에게 특히 좋다.

재료 및 분량

잔멸치 ······················ 200g
식용유 ······················ 1큰술
물엿 ························· 2큰술
참기름 ······················ 1작은술

[양념장]
간장2큰술, 설탕1큰술, 파1작은술, 마늘1작은술, 생강1/2작은술

만 | 드 | 는 | 법

1. 멸치는 티를 골라내어 손질해 놓는다.
2. 양념장을 만들어 놓는다.
3. 팬에 식용유를 두르고 바삭하게 볶아낸다.
4. 팬에 양념장을 넣어 끓인다.
5. 양념장이 끓으면 볶아낸 멸치를 넣어 뒤적이다가 물엿을 넣어 고루 섞고 통깨와 참기름을 넣는다.

* 볶음용 멸치는 세멸, 중멸이 좋으며 세멸은 특히, 색이 맑고 선명하며 약간 푸른색을 띠는 것이 상품이다.

호두장과

호도에는 많은 양의 지방과 질 좋은 단백질, 인, 칼슘이 들어있다.

재료 및 분량

호두살 ·················· 200g

[양념장]
간장4큰술, 물엿1큰술, 설탕1큰술

만|드|는|법

① 호두는 따뜻한 물에 불려 부서지지 않게 꼬챙이로 속껍질을 벗긴다.
② 속껍질을 벗긴 호두살에 간장을 넣어 중간 불에서 조린다.
③ 조린 호두에 설탕과 물엿을 넣어 잠시 더 조린다.
④ 흑임자를 넣어 담아내기도 한다.

* 호두를 오래 담가두면 껍질을 벗길 때 부서져 모양이 좋지 않으므로 따뜻한 물에 잠시 담가놓도록 한다.

죽순채

죽순은 섬유질이 많이 함유되어 있어 다이어트 식품으로 좋다.

재료 및 분량

죽순(또는 죽순 통조림)
소고기(우둔)·················50g
미나리 ·····················40g
숙주 ······················40g

[죽순, 숙주, 미나리 밑간]
소금, 참기름

[소고기 양념장]
간장1/2큰술, 설탕1작은술, 파1작은술, 마늘1/2작은술, 깨소금1/2작은술, 참기름1/2작은술, 후추

[초간장]
간장1/2큰술, 식초1/2큰술, 설탕1/2작은술, 파1/2작은술, 마늘1/3작은술, 깨소금1/2작은술, 참기름1/2작은술

만|드|는|법

① 죽순은 껍질을 벗겨 빗살모양으로 썰어 헹군 다음 끓는물에 데쳐낸다.
② 데쳐낸 죽순은 소금과 참기름을 넣고 살짝 볶는다.
③ 소고기는 곱게 채를 썰어 양념을 하여 볶는다.
④ 미나리는 소금물에 데쳐 내어 5cm 길이로 썰어 소금과 참기름으로 무친다.
⑤ 숙주는 거두절미하여 소금물에 데친 다음 찬물에 헹구어 소금과 참기름을 넣어 무친다.
⑥ 초간장을 만든다.
⑦ 준비한 재료를 모두 함께 넣어 초간장으로 버무린다.
⑧ 접시에 보기좋게 담아낸다.

* 죽순에는 삶을 때 쌀뜨물을 이용하면 잡맛을 제거하는데 좋고 통조림이라 하더라도 끓는물에 잠깐 데쳐서 사용하는것이 좋다.

생표고버섯나물

버섯의 향을 살리기 위해서는 향신채소의 사용을 줄이는것이 좋다.

재료 및 분량

생표고버섯 ················ 150g
소고기 ···················· 60g
청피망 ···················· 1/4개
홍고추 ···················· 1개

[표고버섯 양념]
소금1/2작은술, 파1작은술, 마늘1/2작은술, 참기름1작은술

[소고기 양념]
간장1작은술, 설탕1/2작은술, 파1작은술, 마늘1/2작은술, 참기름1/2작은술, 깨소금1/2작은술, 후추

만|드|는|법

① 표고버섯은 기둥을 떼고 은행잎 모양의 편으로 썬다.
  (채를 썰기도 한다)
② 표고버섯을 끓는물에 살짝 데친 후 물기를 짜서 양념을 한다.
③ 청피망과 홍고추는 반으로 갈라 씨를 제거하고 4~5cm 길이로 채를 썬다.
④ 소고기도 같은 길이로 채를 썰어 양념을 한다.
⑤ 팬에 식용유를 두르고 청피망, 홍고추를 소금, 참기름을 넣고 살짝 볶아낸다.
⑥ 표고버섯과 소고기도 양념을 하여 볶아낸다.
⑦ 볶은 재료를 모두 가볍게 섞어서 접시에 담아낸다.

* 생표고버섯은 물에 담가 씻으면 풍미가 떨어지므로 가볍게 흐르는 물에 씻거나 깨끗한 행주로 닦아 바로 요리에 이용하는 것이 좋다.

무나물

무의 껍질에는 비타민C가 풍부하며 무의 생즙은 아밀라아제를 가지고 있어 소화에 좋다.

재료 및 분량

무 ····················· 300g
식용유

[양념]
소금1/2작은술, 파1작은술, 마늘1/2작은술, 깨소금1/2작은술, 참기름1작은술, 소금1/2작은술, 물2큰술

만|드|는|법

1. 무는 껍질을 벗겨 6cm×0.3cm×0.3cm로 채를 썰어서 소금에 살짝 절인다.
2. 소금에 절여 놓은 무의 물기를 제거한다.
3. 냄비에 식용유를 두르고 무채를 넣어 볶다가 물을 약간 부어 뚜껑을 덮고 부드럽게 익힌다.
4. 부드럽게 익으면 양념을 넣고 소금으로 간을 하여 깨소금과 참기름을 넣고 고루 섞는다.
5. 볶아놓은 무나물을 국물과 함께 그릇에 담아낸다.
6. 무나물위에 흑임자를 얹어도 좋다.

* 무는 가을무가 수분도 많고 단맛이 있어서 좋다.

취나물

취나물로 이용되고 있는 것은 참취, 곰취, 미역취, 개미취, 수리취가 있다.

재료 및 분량

취나물 ·················· 200g
소금
식용유

[양념]
파 2작은술, 마늘 1작은술, 국간장 2작은술, 깨소금 1/2큰술, 참기름 1큰술

만|드|는|법

① 취는 손질하여 소금물에 데쳐낸다.
② 데칠 때에는 줄기부터 먼저 넣은 후 잎을 넣어 데친다.
③ 데친 취나물은 찬물에 담가서 떫은맛을 우려내고 물기를 제거한다.
④ 취나물은 양념을 넣어 조물조물 무쳐 놓는다.
⑤ 양념해서 무쳐놓은 취나물을 식용유를 두르고 팬에 볶아낸다.
⑥ 접시에 담아낸다.

＊ 삶은 취나물은 충분히 우려야 취 특유의 아린맛을 제거할 수 있다. 들깨즙을 이용하여 볶아도 맛이 좋다.

애호박나물

호박은 감기예방, 야맹증이나 눈의 피로예방에 효과적이며 몸을 따듯하게 해주고 위장을 튼튼하게 해준다.

재료 및 분량

- 애호박 ·························· 1개
- 소고기 ························ 50g
- 홍고추 ······················ 1/2개
- 소금 ····················· 1½ 작은술
- 새우젓 ···················· 1작은술
- 식용유 ···················· 1큰술

[소고기 양념]
간장1작은술, 설탕1/4작은술, 파1/2작은술, 마늘1/4작은술, 후추약간

[전체양념]
파1작은술, 마늘1/2작은술, 참기름1작은술, 깨소금1작은술

만|드|는|법

① 애호박은 길게 이등분하여 살에 붙어있는 씨를 둥글게 파서 버리고, 반달형으로 썰어 소금에 절인다.
② 소고기는 잘게 다져 양념하여 볶아 놓는다.
③ 홍고추는 씨를 제거하고 3cm 길이로 가늘게 채를 썬다.
④ 팬에 식용유를 두르고 호박의 물기를 제거하여 새우젓으로 간을 맞추어 볶는다.
⑤ 소고기와 홍고추를 호박과 섞어서 전체 양념을 넣고 고루 버무려서 보기좋게 접시에 담아낸다.

＊ 새우와 애호박은 식품궁합이 잘 맞는 식품으로 새우젓국을 넣어 간을 하면 같은 효과가 난다.

느타리버섯나물

느타리버섯은 저칼로리 식품으로 식이섬유를 많이 함유한 건강식품이다.

재료 및 분량

느타리버섯 ················200g
소고기 ··················50g
피망 ···················50g

[소고기양념]
간장1작은술, 설탕1/3작은술, 파1/2작은술, 마늘1/4작은술, 참기름1/4작은술, 후추약간, 깨소금1/4작은술

[전체양념]
소금1/2작은술, 파1작은술, 마늘1/2작은술, 참기름1/2작은술, 깨소금1작은술

만|드|는|법

① 느타리버섯은 밑동을 자르고 길게 2~3등분 하여 소금물에 데쳐서 물기를 짠다.
② 소고기는 5cm 길이로 결방향으로 채를 썰어 갖은 양념을 한다.
③ 피망은 속과 씨를 제거하고 5cm×0.2cm로 채 썬다.
④ 팬에 식용유를 두르고 소고기, 피망, 느타리버섯을 각각 볶아 놓는다.
⑤ 볶아놓은 재료를 모두 섞어서 갖은 양념을 하여 접시에 담아낸다.

* 느타리버섯은 쥐색의 흑느타리버섯이 가장 품질이 우수하고 질감이 쫄깃하다.

장김치

장김치는 대체로 병과류나 죽, 미음에 함께 먹는 물김치다.

재료 및 분량

무	50g
배추	90g
갓	30g
미나리	20g
파	20g
건표고버섯	1장
석이버섯	2장
대추	1알
생강	30g
마늘	20g
배	50g
밤	1톨
실고추	10g
잣	2작은술
국간장	3큰술
물	1½컵
설탕	2작은술

만|드|는|법

① 무를 썰어서 간장과 설탕을 조금 넣어 절인다.
 (설탕을 넣으면 빨리 절여짐)
② 배추는 가운데 심을 기준으로 양쪽으로 규격에 맞게 썰어준다.
③ 무 절인것에 배추도 넣어 함께 절인다.
④ 건표고버섯, 대추, 석이버섯, 마늘, 생강, 홍고추 등을 고운 채로 썰어 놓는다.
⑤ 미나리-3cm, 갓-3cm로 썰어 놓는다.
⑥ 밤은 편으로 썰고 배는 무와 같은 크기로 썬다.
⑦ 절여놓은 김칫거리는 국물을 따르고, 나머지 재료를 섞어 놓는다.
⑧ 김칫거리에 채 썰어놓은 양념을 넣고 국물을 만들어서 부은 후, 석이버섯, 실고추, 대추채, 잣을 올린다.

＊ 장김치의 국물색은 간장으로 내는데 무, 배추가 익으면서 수분이 나오므로 색이 흐려지는 것을 고려하여 간장을 넣어야 한다.

도라지정과

정과는 식물의 뿌리나 열매를 꿀이나 물엿으로 쫄깃쫄깃하고 달콤하게 조린 것이다.

재료 및 분량

- 통도라지 ·············· 200g
- 설탕 ·················· 100g
- 꿀 ··················· 2큰술
- 물엿 ················· 2큰술
- 물 ···················· 3컵
- 소금

만|드|는|법

1. 통도라지는 껍질을 벗기고 길이 6cm, 폭 1cm, 두께 0.6cm 크기로 썰어 놓는다.
2. 썰어놓은 도라지는 소금으로 주물러 씻어서 쓴맛을 제거한 후 끓는물에 살짝 데쳐서 찬물로 헹구어 물기를 제거한다.
3. 냄비에 도라지, 설탕, 소금, 물을 넣고 끓인다.
4. 끓기 시작하면 불을 줄여 반쯤 조려지면 물엿을 넣고 투명해질 때까지 서서히 조리고 거의 다 조려지면 꿀을 넣는다.
5. 끓이는 도중에 거품은 걷어내야 한다.
6. 완성이 되었으면 정과를 체에 밭쳐 놓는다.
7. 시럽이 빠졌으면 접시에 보기좋게 담아낸다.

* 도라지를 손질할 때 껍질을 매끄럽게 벗겨야 완성시에 모양이 좋다.

밤초/대추초

'초'는 조리듯 볶는다는 조리법을 의미한다.

재료 및 분량

[밤초]
- 밤 ················· 10톨
- 설탕 ················ 3큰술
- 꿀 ················· 2큰술
- 잣 ················· 1큰술
- 소금

[대추초]
- 대추 ················ 10알
- 꿀 ················· 3큰술
- 잣 ················· 1큰술
- 계핏가루 ············ 1/4작은술

만|드|는|법

[밤초]
1. 밤은 껍질을 벗겨 물에 담가 놓는다.
2. 물이 끓으면 소금을 넣고 밤을 살짝 데쳐낸다.
3. 데쳐낸 밤을 다시 냄비에 담아 밤이 잠길 정도의 물을 붓고 설탕을 넣어 불에 올려 끓인다.
4. 중불에 은근하게 서서히 졸여 국물이 없을 정도가 되면 꿀을 넣어 다시 서서히 조린다.
5. 그릇에 담고 잣가루를 고명으로 뿌리기도 한다.

* 밤초는 밤의 색이 변하지 않게 말갛게 조리는 것이 중요하다. 졸일 때 설탕을 처음부터 다 넣지 말고 조금씩 나누어 가며 졸여야 윤기가 난다.

[대추초]
1. 대추는 살짝 씻어 물기를 닦고 돌려깎기 하여 씨를 뺀다.
2. 대추 안쪽에 꿀을 바르고 잣을 채워서 원래의 모양을 만들고 꼭지 부분에 잣 한 개를 박는다.
3. 냄비에 꿀, 계핏가루, 대추를 넣고 물을 부어 약불에서 서서히 윤기가 날 때까지 조린다.
4. 접시에 보기좋게 담아낸다.

* 깨를 하얗게 실깨로 거피하여 볶아 대추초를 굴려 내면 서로 달라붙지 않아 좋다.

한식고급요리 169

경단

경단은 고급 다과상 차림이나 폐백단자에 많이 쓰인다.

재료 및 분량

찹쌀 ······················ 3컵
소금 ···················· 1/2큰술

[노란 콩가루]
노란콩가루1/2컵, 설탕1큰술, 소금1/4작은술

[푸른 콩가루]
푸른콩가루1/2컵, 설탕1큰술, 소금1/4작은술

[흑임자가루]
흑임자1/2컵, 설탕1큰술, 소금 1/4작은술

만|드|는|법

① 찹쌀을 12시간 정도 물에 불려서 물기를 뺀 다음 소금을 넣고 곱게 빻아 체에 내린다.
② 찹쌀가루에 뜨거운 물을 넣고 익반죽하여 직경 2cm정도로 동글게 빚는다.
③ 동글게 빚은 경단을 끓는물에 넣어 동동 떠오르면 찬물에 헹궈서 물기를 뺀다.
④ 각각의 콩가루에 소금과 설탕을 넣어 섞는다.
⑤ 흑임자는 타지 않게 볶아 찧어서 소금과 설탕을 넣어 섞는다.
⑥ 삶아낸 경단을 셋 분량으로 나누어 각각의 콩가루와 흑임자가루에 묻힌다.
⑦ 삼색의 경단을 접시에 보기 좋게 담아낸다.

* 경단을 삶을 때에는 물의 양을 충분히 하여 팔팔 끓을 때 넣어야 하며, 경단이 떠오르면 꺼내어 찬물에 식혀야 모양이 단단해지고 보기가 좋다.

대합구이

대합구이는 대합살, 조갯살, 소고기, 두부 등을 다져 갖은 양념을 하여 대합 껍질에 채워서 구운 음식이다. 대합은 껍데기의 조합이 정밀하게 맞아 떨어지며, 꼭 필요한 때 말고는 입을 열지 않아 정절과 순결의 상징으로 혼례상에 올려지기도 한다. 조개의 여왕 대합은 산란기를 앞둔 5~6월에 살과 맛이 절정에 이른다.

재료 및 분량

대합(중)·················5마리
조갯살 ·················100g
소고기 ··················60g
두부 ····················50g
달걀 ·····················1개
밀가루 ···················30g
식용유 ··················30ml
홍고추(생)·················1개
쑥갓 ····················1줄기

[조갯살 양념]
소금 3g, 다진파 5g, 다진마늘 3g, 깨소금 5g, 참기름 5ml

[소고기 양념]
간장 5g, 설탕 3g, 다진파 5g, 다진마늘 3g, 깨소금 5g, 참기름 5ml

만|드|는|법

❶ 마늘은 곱게 다진다.
❷ 대합은 엷은 소금물에 담가 해감을 토하게 하여 솔로 깨끗이 씻고 조개 껍질사이에 칼을 넣어 양쪽으로 벌려 대합살을 발라내고 내장을 제거한 후 씻어 물기를 빼서 다진다.
❸ 준비한 조갯살도 엷은 소금물로 씻어 물기를 제거하여 곱게 다진 후 대합살과 함께 조갯살 양념을 한다.
❹ 두부는 체에 내린 후 면보에 감싸서 수분을 제거한다.
❺ 소고기는 핏물, 기름기, 힘줄을 제거한 다음 곱게 다진 후 두부와 함께 양념하여 끈기있게 치댄다.
❻ ❸의 조갯살과 ❺의 소고기를 함께 고루 섞는다.
❼ 대합조개의 껍질은 깨끗이 씻어 안쪽에 물기를 닦고 참기름을 바르고 밀가루를 뿌린 다음 ❻의 재료를 꼭꼭 눌러 채우고 윗면을 평평하게 만든다.
❽ 대합조개의 소를 채운 면에 밀가루를 바르고 달걀을 풀어 소를 넣은 면만 입힌 다음 팬에 기름을 두르고 지진다.
❾ 홍고추를 통으로 썬것과 쑥갓잎을 지진면에 고명으로 얹고 다시 살짝 지진 다음 조개의 껍질면을 석쇠에 올려 놓고 중불에서 익혀 접시에 담는다.

섭산삼

더덕은 인삼처럼 약효가 뛰어나다고 하며 한의학에서 "사삼(沙蔘)"이라하고 위, 폐, 비장, 신장 등 내장기관을 튼튼히 하고 피로회복에 효과적이어서 노약자에게 좋다. 섭산삼은 더덕을 생으로 두드려 찹쌀가루를 묻혀 기름에 튀긴 음식으로 후식과 술안주로도 좋은 음식이다. 술안주로 낼 경우는 초장을 함께 낸다.

재료 및 분량

- 더덕 ·················· 100g
- 물 ····················· 2컵
- 소금 ··················· 10g
- 찹쌀가루 ············ 1/2컵
- 식용유 ················· 1L
- 꿀 ····················· 40g

만드는 법

1. 더덕을 씻은 후 노두를 잘라낸 다음 껍질을 벗기고 길이로 갈라 두들겨 편다.
2. 두드려 다진 더덕을 10분정도 소금물에 담그어 쓴맛을 제거하여 꺼낸 후 물기를 뺀다.
3. 물기를 뺀 더덕에 체에 내린 찹쌀가루를 입힌다.
4. 팬에 기름을 넣고 달궈지면 찹쌀가루 입힌 더덕을 넣고 수분이 빠져나가도록 오랫동안 천천히 튀겨, 색이 나지 않게 하얗고 바삭하게 튀긴다.
5. 튀겨진 더덕을 건져내 기름을 뺀다.
6. 섭산삼에 꿀을 곁들여 낸다.

국수장국

국수장국은 국수를 더운 장국에 만 것으로 온면이라고도 한다. 국수장국을 맛있게 하려면 미리 국수를 삶아 놓지 말고 먹을 때 바로 삶아야 한다. 국수장국은 혼례나 경사스런 잔치 때 손님들에게 대접하는 잔치음식이다.

재료 및 분량

- 소면 ·················· 80g
- 소고기(살코기) ······ 50g
- 달걀 ·················· 1개
- 애호박(6cm길이) ···· 60g
- 석이버섯 ·············· 5g
- 실고추 ················ 1g
- 식용유 ················ 5ml
- 참기름 ················ 5ml
- 소금 ·················· 5g
- 진간장 ··············· 10ml
- 대파(흰부분 4cm) ··· 1토막
- 마늘 ·················· 1쪽

만|드|는|법

① 석이버섯은 불리고 편육 삶을 물(4컵)을 올린다.
② 소고기는 핏물을 제거하고 덩어리째 찬물에 대파와 마늘편을 넣고 삶은 다음 식힌다. 육수는 면보에 걸러 간장으로 색을 내고 소금으로 간을 맞추어 장국을 만든다.
③ 달걀은 황·백으로 분리하여 지단을 부친 후 0.2cm×0.2cm×5cm로 썬다.
④ 호박은 5cm 길이로 자른 후 0.3cm 두께로 2번 돌려 깎아 0.3cm 폭으로 채썰어 소금에 잠깐 절였다가 물기를 제거하고 중불에서 파랗게 살짝 볶아 내어 펼쳐 식힌다.
⑤ 석이버섯은 뜨거운 물에 불린 다음 양손으로 비벼 이끼와 배꼽을 제거한 후 채썰어 소금, 참기름으로 간하여 볶는다. 실고추는 2cm 길이로 잘라준다.
⑥ 삶아서 식힌 소고기는 0.2cm×0.2cm×5cm로 채썬다.
⑦ 국수는 끓는 물에 소금 넣고 부채살 모양으로 펼쳐 넣어 삶다가 찬물을 3번 정도 부어 투명하게 삶아지면 찬물에 헹군 후 사리지어 그릇에 담고 채썬 편육, 호박, 황·백지단, 석이버섯, 실고추는 고명으로 얹고 뜨거운 장국을 부어낸다.

비빔국수

비빔국수는 국수를 삶아 오이, 호박, 표고버섯, 고기 등을 넣고 고루 비벼 먹는 음식으로 골동면이라고도 한다. 면이 불으면 맛이 떨어지므로 면을 삶아 바로 먹도록 한다.

재료 및 분량

- 소면 ····················· 70g
- 소고기(살코기)········· 30g
- 건표고버섯 ················ 1장
- 달걀 ························· 1개
- 오이(5cm길이)··········· 1개
- 석이버섯 ···················· 5g
- 실고추 ······················· 1g
- 진간장 ···················· 15ml
- 백설탕 ······················ 5g
- 대파(흰부분4cm) ···· 1토막
- 마늘 ························ 2쪽
- 깨소금 ······················ 5g
- 참기름 ···················· 10ml
- 검은 후추 ··················· 1g
- 식용유 ···················· 20ml
- 소금 ························ 10g

만|드|는|법

① 냄비에 건 표고버섯과 석이버섯은 불리고 국수 삶을 물(4컵)을 올린다.
② 오이는 5cm 길이로 자른 후 0.3cm 두께로 2번 돌려 깎아 0.3cm 폭으로 채썰어 소금에 잠깐 절였다가 물기를 제거하고 중불에서 파랗게 살짝 볶아 내어 펼쳐 식힌다.
③ 건 표고버섯은 뜨거운 물에 불린 후 포를 떠서 두께와 폭이 0.3cm, 길이가 5cm 되게 채로 썰어 양념하여 볶는다.
④ 달걀은 황·백으로 분리하여 지단을 부친 후 5cm×0.2cm×0.2cm로 썬다.
⑤ 석이버섯은 뜨거운 물에 불린 다음 양손으로 비벼 이끼와 배꼽을 제거한 후 채썰어 소금, 참기름으로 간하여 볶는다. 실고추는 2cm 길이로 잘라 준다.
⑥ 소고기는 결방향 5cm 길이로 자른 후 0.3cm×0.3cm로 채썰어 양념하여 볶는다.
⑦ 국수는 끓는 물에 소금을 넣고, 부채살 모양으로 펼쳐 넣어 삶다가 찬물을 3번 정도 부어 투명하게 삶아지면 찬물에 헹구어 채에 건져 놓는다.
⑧ 물기 제거한 ⑦의 국수에 간장, 설탕, 깨소금, 참기름으로 유장처리 후 볶은 오이, 표고버섯, 소고기를 넣어 무쳐 담고 채썬 황·백지단, 석이버섯, 실고추 순으로 고명을 얹어 낸다.

칼국수

칼국수는 도마와 칼이 생기고 나서 밀가루 반죽을 얇게 밀어 칼로 썰었기 때문에 붙여진 이름이다. 칼로 썬 국수를 따로 삶지 않고 닭 육수나 멸치 장국을 바로 넣어 끓이는 것으로 국물이 걸쭉하고 색이 흐리기 때문에 '제물칼국수'라고도 한다.

재료 및 분량

- 밀가루 ················· 100g
- 멸치(대-장국용) ········ 20g
- 애호박(길이 6cm) ······ 60g
- 건표고버섯 ············· 1개
- 실고추 ················· 1g
- 소금 ··················· 5g
- 식용유 ················· 10ml
- 마늘 ··················· 1쪽
- 대파(흰 부분 4cm 정도)1토막

[표고버섯양념장]
진간장 5ml, 백설탕 5g,
마늘 약간, 대파 약간, 참기름 5ml

만드는 법

1. 냄비에 내장을 제거한 멸치를 볶다가 물(5컵)과 파, 마늘 약간을 넣어 냄비 뚜껑을 열고 중불에서 충분히 끓인 후 면보에 걸러 소금으로 간하여 4컵 정도의 육수를 만든다.
2. 덧 가루용 밀가루 2큰술을 남겨 놓고 밀가루 1컵 정도에 소금 약간과 물3큰술 정도를 넣어 되직하게 반죽하여 면보나 비닐봉지에 감싸서 휴지 시킨다.
3. 호박은 5cm 길이로 자른 후 0.2cm 두께로 2번 돌려 깎아 0.2cm 폭으로 채 썰어 소금에 잠깐 절였다가 물기를 제거하고 중불에서 파랗게 살짝 볶아 내어 펼쳐 식힌다.
4. 건 표고버섯은 뜨거운 물에 불린 후 두꺼우면 포를 떠서 두께와 폭이 0.2cm, 길이가 5cm 되게 채로 썰어 주어진 양념을 하여 볶는다.
5. 실고추는 2cm길이로 썬다.
6. 숙성된 반죽은 덧가루를 뿌려가면서 밀대로 밀어 두께가 0.1cm이 되면 접어서 0.2cm 폭으로 썬 다음, 서로 달라붙지 않도록 풀어 놓는다.
7. ❶의 육수가 끓으면 덧가루를 털어 낸 면을 넣고 끓어준다.
8. 그릇에 칼국수를 담고 볶은 호박, 표고버섯, 실고추를 고명으로 얹어낸다.

만둣국

만둣국은 밀가루 반죽을 얇게 밀어서 갖은 양념한 소를 넣고 빚어 뜨거운 장국에 넣어 끓인 것으로 평안도나 함경도 지방에서 즐겨먹는 겨울철 음식이다. 만두는 원래 중국음식으로 한나라 때 처음 만들었다고 하며 중국에서는 우리식 만두를 교자(餃子)라고 하며 밀가루 반죽을 발효시켜 지금의 호빵처럼 껍질을 두껍게 만든 것을 만두라고 한다.

재료 및 분량

- 밀가루(중력분) ········· 60g
- 소고기(살코기) ········· 60g
- 두부 ··················· 50g
- 숙주 ··················· 30g
- 배추김치 ··············· 40g
- 달걀 ···················· 1개
- 미나리(줄기부분) ······· 20g
- 대파(흰부분4cm) ····· 1토막
- 마늘 ···················· 2쪽
- 소금 ····················· 5g
- 국간장 ················· 5ml
- 식용유 ················· 5ml
- 산적꼬지 ················ 1개

[고기양념장]
파 10g, 마늘 5g, 소금 2g,
깨소금 5g, 검은 후추 2g,
참기름 10ml

만|드|는|법

① 냄비에 숙주 데칠 물(2컵)을 올린다.
② 덧 가루용 밀가루(2큰술)을 남겨 놓고 밀가루(8큰술) 정도에 소금 약간과 물 2큰술 정도를 넣어 귓불처럼 말랑하게 반죽하여 면보나 비닐봉지에 감싸둔다.
③ 숙주는 소금물에 데쳐 찬물에 식힌 후 곱게 다져 물기를 짠다.
④ 소고기의 2/3정도는 곱게 다지고 일부는 4컵의 물을 넣고 끓여 면보에 거른 후 국간장으로 색을 내고 소금을 간을 하여 육수를 만든다.
⑤ 두부는 체에 내려 면보를 이용하여 물기를 꼭 짜고, 김치는 속을 털어내고 잘게 다져 국물을 꼭 짠다.
⑥ 곱게 다진 고기에 양념하여 맛을 낸 후 두부, 숙주, 김치를 고루 섞어 소를 만든다.
⑦ 미나리는 잎과 뿌리를 떼고 3~4개를 가지런히 해서 아래·위를 꼬치로 꽂은 후 밀가루와 노른자를 입혀 지져 낸 다음 2cm×2cm의 마름모꼴로 썰고 나머지 달걀로 황·백지단을 부쳐 미나리와 같은 모양으로 2개씩 썬다.
⑧ 숙성이 된 밀가루 반죽을 일정한 크기로 떼어 놓은 다음 덧가루를 뿌려가며 직경 8cm의 얇고 둥근 만두피가 되게 밀어 준 후 만두소를 넣고 반으로 접어 양끝을 붙여서 만두를 빚는다.
⑨ 육수가 끓으면 만두를 넣고 중불에서 끓인 후 떠오르면 국물과 함께 담고 황·백지단과 미나리초대를 2개씩 고명으로 얹어낸다.

소고기전골

전골이란 한국의 전통조리법으로 불에 냄비를 올려 즉석에서 뜨겁게 하여 먹는게 특징이다. 소고기전골은 불린 표고버섯과 숙주, 무, 당근 등의 채소를 돌려 담고 소고기로 육수를 내어 붓고 즉석에서 끓여 먹는 음식이다.

재료 및 분량

- 소고기(살코기) ············· 70g
- 소고기(사태부위) ··········· 30g
- 건표고버섯(불린 것) ········ 3장
- 숙주(생것) ·················· 50g
- 무(길이 5cm) ················ 60g
- 당근(길이5cm 정도) ········ 40g
- 양파(중-150g정도) ········ 1/4개
- 실파(2뿌리) ················· 40g
- 달걀 ·························· 1개
- 잣 ···························· 10알
- 대파(흰부분 4cm정도) ···· 1토막
- 마늘 ·························· 2쪽
- 진간장 ······················ 10ml
- 백설탕 ························ 5g
- 깨소금 ························ 5g
- 참기름 ······················· 5ml
- 소금 ·························· 10g
- 검은후추가루 ················ 1g

만드는 법

① 숙주 데칠 물을 올린 다음 물이 끓으면 숙주는 거두절미하여 씻은 후 데쳐서 소금과 참기름으로 양념을 한다.
② 육수용 사태육은 핏물을 제거하고 덩어리째 찬물에 대파와 마늘편을 넣고 삶은 다음, 충분히 육수가 우러나면 면보에 걸러 간장으로 색을 내고 소금으로 간을 맞추어 장국을 만든다.
③ 양파는 0.5cm정도 폭으로, 실파는 5cm정도 길이로, 나머지 채소인 무와 당근은 0.5cm×0.5cm×5cm정도 크기로 채 썬다.
④ 잣은 고깔을 떼고 면보로 닦아 준비하고, 달걀은 그릇에 깨뜨려 놓는다.
⑤ 소고기는 핏물을 제거한 후 힘줄과 기름기를 떼어내고 0.5cm×0.5cm×5cm정도 크기로 썰어 양념하여 사용한다.
⑥ 전골냄비에 모든 재료를 돌려 담아 소고기를 중앙에 놓고 육수를 부어 끓인 후 달걀을 올려 반숙이 되게 끓여 잣을 얹어낸다.

두부전골

두부전골은 영양은 물론 멋과 맛에서 손색이 없기 때문에 손님상에 내기에 적합한 요리로 두부, 소고기, 각종 채소를 전골냄비에 돌려 담아 끓여먹는 푸짐한 음식이다.

재료 및 분량

- 두부 ·················· 200g
- 소고기(살코기) ·········· 30g
- 소고기(사태부위) ········· 20g
- 건표고버섯(불린 것) ······· 2장
- 숙주(생것) ············· 50g
- 무(길이 5cm이상) ········ 60g
- 당근(길이 5cm이상) ······· 60g
- 실파(2뿌리) ············ 40g
- 달걀 ·················· 2개
- 대파(흰부분 4cm정도) ···· 1토막
- 마늘 ·················· 3쪽
- 진간장 ················ 20ml
- 참기름 ················· 5ml
- 식용유 ················ 20ml
- 소금 ··················· 5g
- 밀가루(중력분) ·········· 20g
- 녹말가루(감자전분) ······· 20g
- 검은후춧가루 ············· 2g
- 깨소금 ·················· 5g
- 키친타올
  (종이-주방용 18cm×20cm) ··· 1장

만|드|는|법

① 숙주 데칠 물을 올린 다음 물이 끓으면 숙주는 거두절미하여 씻은 후 데쳐서 소금과 참기름으로 양념을 한다.
② 육수용 사태육은 핏물을 제거하고 덩어리째 찬물에 대파와 마늘편을 넣고 삶은 다음, 충분히 육수가 우러나면 면보에 걸러 간장으로 색을 내고 소금으로 간을 맞추어 장국을 만든다.
③ 실파는 5cm정도 길이로 썰고, 파와 마늘은 곱게 다진다.
④ 불린 표고버섯은 기둥을 떼고 5cm×1.2cm×0.5cm정도 크기로 썬다.
⑤ 무와 당근은 5cm×1.2cm×0.5cm정도 크기로 썬 다음 끓는 소금물에 데쳐 찬물에 식힌다.
⑥ 달걀은 황·백으로 분리하여 지단을 부친 후 5cm×1.2cm×0.5cm정도 크기로 썬다.
⑦ 두부의 길이는 3cm×4cm×0.8cm정도 크기로 썰어 소금을 뿌려 밑간 한 후 녹말을 입혀 지져낸다.
⑧ 두부20g 정도는 으깨서 수분을 제거하고, 소고기는 핏물을 제거한 후 힘줄과 기름기를 떼어내고 곱게 다진 다음, 으깬 두부와 섞어 양념하여 1.5cm정도 크기로 5개 완자를 빚는다.
⑨ 빚은 완자에 밀가루와 달걀을 입혀 기름 두른 팬에 굴려가며 익힌 다음 키친타올 위에 올려 기름기를 제거한다.
⑩ 전골냄비에 모든 재료를 돌려 담고 가운데쯤에 두부를 담은 후 완자를 중앙에 놓고 육수를 부어 끓여낸다.

닭찜

닭찜은 닭을 토막 내어 양파, 당근, 표고버섯 등의 채소와 양념간장을 넣고 윤기나게 찜을 하여 국물과 함께 담은 음식으로 연회상, 반상차림에 많이 쓰인다. 닭고기는 맛이 담백하고 소화흡수가 잘 되며 특히 닭 날개에 함유된 뮤신은 노화방지와 강정(强精), 강장에 효과를 낸다.

재료 및 분량

- 닭(300g정도) ············· 1/2마리
- 양파 ······························ 50g
- 당근 ······························ 50g
- 건표고버섯 ······················· 1장
- 달걀 ······························· 1개
- 은행 ······························· 3개
- 소금 ······························· 5g
- 식용유 ·························· 30ml

[양념장]
진간장 50ml, 백설탕 20g,
대파(흰부분4cm) 1토막, 마늘 2쪽,
생강 10g, 검은 후추 2g,
깨소금 5g, 참기름 10ml

만|드|는|법

1. 냄비에 건 표고버섯 불릴 물과 토막 낸 닭 데칠 물(4컵)을 올린다.
2. 건 표고버섯은 뜨거운 물에 설탕을 풀어 불린 후 4등분한다.
3. 당근은 밤알 크기로 썰어 모서리를 다듬고 양파도 한 입 크기로 썰어 모서리를 다듬는다.
4. 닭은 내장과 기름기를 제거하고 깨끗이 손질하여 5cm 길이로 토막 내어 파, 마늘, 생강 자투리를 넣은 끓는 물에 데친 후 건져서 닭기름을 제거한다.
5. 파와 마늘, 생강 곱게 다진 후 나머지 양념들과 적당량의 물을 넣어 양념장을 만든다.
6. 냄비에 닭과 양념장 1/2을 넣고 뚜껑을 덮어 처음엔 센불에서 끓기 시작하면 중불로 줄여서 끓인다.
7. 닭이 반쯤 익으면 당근, 표고버섯, 양파와 나머지 양념장을 넣고 중불에서 끓이면서 맛이 어우러지면 국물을 끼얹어 가며 윤기 나게 조려준다.
8. 달걀은 황·백으로 분리하여 지단을 부친 후 2cm×2cm의 마름모꼴로 썬다. 팬에 식용유를 두르고 은행을 투명하게 볶아 껍질을 제거한다.
9. 국물이 4큰술 정도 남으면 은행을 넣고 살짝 끓인 다음 그릇에 담고 황·백 지단을 고명으로 얹는다.

돼지갈비찜

돼지갈비찜은 손질한 돼지갈비와 양파, 당근, 홍고추 등의 채소에 갖은 양념을 하여 고추의 매운맛이 나도록 만든 찜이다. 요리에 사용되는 생강은 누린내 제거와 연육효과 뿐 아니라 감기, 천식, 위장병, 식욕부진에 효과가 있다.

재료 및 분량

- 돼지갈비(5cm 토막) …200g
- 감자 …………………1/2개
- 당근 ……………………50g
- 양파 ……………………50g
- 홍고추(생) …………1/2개

[양념장]
진간장 40ml, 백설탕 20g, 대파(흰 부분 4cm) 1토막, 마늘 2쪽, 생강 10g, 깨소금 5g, 참기름 5ml, 검은 후추 2g

만|드|는|법

① 냄비에 갈비 데칠 물(3컵) 올린다.
② 돼지갈비는 기름기와 힘줄을 제거하고 칼집을 깊이 넣어 찬물에 담가 핏물을 뺀다.
③ 감자는 껍질을 벗겨 사방 3cm로 다듬어 찬물에 담그고 당근도 3cm로 다듬고 양파도 비슷한 모양으로 다듬는다.
④ 끓는 물에 파와 마늘 생강 자투리와 돼지갈비를 넣고 데쳐 찬물에 헹구어 체에 받친다.
⑤ 홍고추 어슷썰어 씨 제거하고, 생강, 파, 마늘 곱게 다져 나머지 양념과 적당량의 물을 넣고 양념장을 만든다.
⑥ 갈비에 양념장 반을 넣고 센불에서 끓이다가 중불로 낮추어 푹 끓인 후 나머지 양념장과 채소를 넣고 윤기나게 조려준다.
⑦ 국물이 4큰술 정도 남으면 그릇에 국물과 함께 담아낸다.

북어찜

북어찜은 말린 북어를 부드럽게 불려 손질하여 양념장과 함께 익혀낸 다음 실고추와 채썬 파를 고명으로 얹고 찜 국물과 함께 담아내는 음식이다. 품질이 가장 좋은 북어는 빛이 누렇고 살이 연하여 더덕 북어라고도 한다.

재료 및 분량

- 북어포
  (반을 갈라 말린 껍질이 있는 것)······1마리

[양념장]
진간장 30ml,
대파(흰부분 4cm) 1토막,
마늘 2쪽, 생강 5g, 백설탕 10g,
검은 후추 2g, 참기름 5ml, 실고추 1g,
깨소금 5g

만|드|는|법

① 북어포는 물에 적신 후 머리와 뼈, 지느러미를 제거하고 껍질쪽으로 잔 칼집을 넣어 오그라들지 않게 한 후 7cm 정도로 균일하게 3등분한다.
② 대파의 일부분은 2cm 길이로 채썰고, 실고추도 2cm 길이로 썬다. 생강은 다져 즙을 내고, 마늘과 파는 곱게 다져 양념장을 만든다.
③ 냄비에 손질한 북어를 담고 양념장과 물(5큰술)을 넣어 센불에서 끓이다가 중불로 줄여 끓인다.
④ 북어가 잘 무르고 국물이 2큰술 정도 남았을 때 실고추와 채썬 파를 얹고 잠시 뜸을 들여 국물과 함께 그릇에 담는다.

달걀찜

달걀찜은 달걀 양의 2배 물과 새우젓, 소금을 넣고 곱게 푼 후 중탕하여 찐 다음 석이버섯, 실고추, 실파를 고명으로 얹은 음식이다. 4계절 모두가 제철인 달걀은 단백질, 지질, 비타민 등 영양소가 골고루 갖추어져 있는 완전식품이다.

재료 및 분량

- 달걀 ·················· 1개
- 새우젓 ················ 10g
- 실고추 ················· 1g
- 실파 ················· 1뿌리
- 석이버섯 ················ 5g
- 소금 ·················· 5g
- 참기름 ················ 5ml

만|드|는|법

❶ 냄비에 석이버섯 불릴 물과 달걀찜할 물을 올린다.
❷ 석이버섯 불리고, 새우젓은 다져, 젓국물을 만든다.
❸ 달걀은 알끈을 제거하여 잘 푼 다음 달걀 2배의 물을 넣고, 고루 섞은 후 새우젓국물과 소금을 넣어 체에 내린다.
❹ 불려진 석이버섯은 양손으로 비벼 이끼와 배꼽을 제거한 후 채썰어 소금, 참기름으로 간하여 볶는다. 실고추와 실파는 1cm 길이로 썬다.
❺ 찜 그릇에 담고 거품을 제거한 다음 뚜껑을 덮어 중불에서 8분정도 은근히 찐다.
❻ 달걀물이 익으면 실고추, 석이버섯, 실파를 얹어 살짝 뜸들인 후 낸다.

어선

어선(魚膳)은 흰살 생선을 포 떠서 밑간한 후 녹말가루를 뿌리고 황·백 지단, 당근, 오이, 표고버섯을 색스럽게 넣고 돌돌 말아 찐 음식으로 겨자즙과 초간장을 함께 곁들여 반상, 교자상, 주안상 등에 차려지는 음식이다.

재료 및 분량

- 동태(500~800g) ······ 1마리
- 당근 ······ 50g
- 오이 ······ 1/3개
- 건표고버섯 ······ 2장
- 달걀 ······ 1개
- 생강 ······ 10g
- 녹말가루 ······ 30g
- 소금 ······ 10g
- 흰 후추 ······ 2g
- 진간장 ······ 20ml
- 백설탕 ······ 15g
- 참기름 ······ 5ml
- 식용유 ······ 30ml

만|드|는|법

1. 냄비에 건 표고버섯 불릴 물 올려 끓으면 표고버섯을 불린다.
2. 오이는 5cm 길이로 자른 후 0.3cm 두께로 2번 돌려 깍아 0.3cm 폭으로 채썰어 소금에 잠깐 절였다가 물기를 제거하고 당근도 채썰어 소금으로 절여 물기를 제거한다.
3. 생선은 비늘, 내장, 뼈, 껍질을 제거하고 얇게 포를 떠서 소금, 생강즙, 흰 후추를 뿌린다.
4. 부드럽게 불려진 표고버섯은 기둥을 떼고 얇게 저민 후 채썰어 진간장, 백설탕, 참기름, 흰 후추로 간한다.
5. 달걀은 황·백으로 분리하여 지단을 부친 후 5cm×0.2cm×0.2cm로 썬다.
6. 팬에 기름을 두르고 오이 먼저 중불에서 파랗게 살짝 볶아 내어 펼쳐 식히고, 당근과 표고버섯도 볶아 식힌다.
7. 도마에 김발을 펴고 젖은 면보를 깐 다음 생선살을 고르게 빈틈없이 잘 펴 놓고 녹말가루를 뿌린 후 재료들을 색 맞추어 놓고 지름 3cm가 되도록 김밥 말 듯이 만다.
8. 김이 오른 찜통에 김발 째 넣고 8분정도 찐 다음 꺼내 식으면 2cm 두께로 잘라 접시에 담는다.

오이선

오이선은 오이를 길이로 반 갈라 4cm 길이로 자른 다음, 껍질 쪽에 1cm 간격으로 칼집을 어슷하게 넣고 소금에 절여 물기를 제거하고 볶은 뒤 익혀낸 소고기, 표고버섯, 황백지단을 넣고 단촛물을 끼얹은 음식이다. 오이는 칼륨 함량이 높은 알카리성 식품으로 샐러드, 냉채, 무침 등 그 쓰임새가 다양하다.

재료 및 분량

- 오이 ······················ 1/2개
- 건표고버섯 ················ 1개
- 소고기 ····················· 20g
- 달걀 ······················· 1개
- 소금 ······················· 17g
- 식용유 ···················· 15ml

[소고기, 표고버섯양념장]
진간장 5ml, 백설탕 5g,
대파(흰 부분4cm정도) 1토막,
마늘 1쪽, 깨소금 5g,
검은 후추 1g, 참기름 5ml

[촛물]
식초 10ml, 백설탕 5g, 소금 3g

만|드|는|법

1. 표고버섯 불릴 물(1컵 정도)을 올린다.
2. 오이는 소금으로 문질러 씻은 후 반으로 갈라 4cm 길이로 어슷하게 썰어 1cm 간격으로 3번 칼집을 넣어 소금물에 절여 수분을 제거한다.
3. 파, 마늘은 곱게 다지고 부드럽게 불려진 표고버섯은 기둥을 떼고 얇게 저민 후 채썰고, 소고기도 2.5cm×0.1cm×0.1cm로 채썰어 갖은 양념하여 재운다.
4. 달걀은 황·백으로 분리하여 지단을 얇게 부친 후 2.5cm×0.1cm×0.1cm로 썬다.
5. 식용유 두른 팬에 오이, 표고버섯과 고기 순으로 볶아 식힌다.
6. 기름기 제거한 오이에 황지단, 표고·고기, 백지단을 끼운다.
7. 식초 10ml, 설탕 5g, 소금 3g, 물을 넣어 촛물을 만든 후 제출하기 직전에 끼얹는다.

호박선

호박선은 애호박을 길이로 갈라서 4cm 길이로 어슷하게 썰기를 한 후 소금에 절여 물기를 제거한 다음 양념한 소고기, 당근, 표고버섯으로 소를 채워 잠깐 쪄낸 음식이다. 선(膳)이란 호박, 가지, 두부, 오이 등에 소를 만들어 넣고 찜통에 찌거나 육수를 붓고 잠깐 끓인 음식을 말한다. 호박은 저칼로리 식재료로 소화가 잘 되기 때문에 위장이 약하고 마른 사람, 회복기의 환자에게 좋다.

재료 및 분량

- 애호박(150g 정도) ············ 1/2개
- 소고기(살코기) ················ 20g
- 건표고버섯 ······················ 1장
- 당근 ······························· 50g
- 달걀 ································· 1개
- 실고추 ······························ 1g
- 석이버섯 ··························· 5g
- 잣 ···································· 3개
- 소금 ································· 8g
- 식용유 ···························· 10ml

진간장 10ml, 대파(흰부분 4cm) 1토막, 마늘 1쪽, 참기름 5ml, 깨소금 5g, 검은후추 1g

[겨자장]
겨자가루 5g, 물 5g, 식초 5ml, 백설탕 10g, 소금 2g

만 드 는 법

① 냄비에 3컵 정도의 물을 올린다.(겨자가루 개기용, 버섯 불리기용, 당근 데치기용)
② 우묵한 볼에 겨자가루와 미지근한 물 동량을 넣어 갠 다음 냄비뚜껑 위에 엎어놓고 발효시킨다.
③ 표고버섯과 석이버섯에 뜨거운 물을 부어 부드럽게 불려 줬으면 곱게 채썬다.
④ 애호박은 반으로 갈라서 어슷하게 길이 4cm로 썰어 3번 칼집을 넣어 절인다.
⑤ 당근은 길이 2cm에 0.1cm×0.1cm로 채썰어 데치고 파와 마늘은 곱게 다진다.
⑥ 소고기는 곱게 채썰고 일부는 2컵의 물을 넣고 끓여 면보에 거른 후, 색을 내고 소금을 간을 하여 1컵의 육수를 만든다.
⑦ 곱게 채썬 고기와 표고버섯에 양념한 후에 데친 당근과 섞어 소를 준비한다.
⑧ 실고추와 황·백 지단은 2cm×0.1cm×0.1cm로 썬다. 석이버섯은 뜨거운 물에 불린 다음 양손으로 비벼 이끼와 배꼽을 제거한 후 채썰어 소금, 참기름으로 간하여 볶는다.
⑨ 절여진 호박의 수분 제거 후 칼집사이에 소 재료 채운 다음 ⑥의 육수가 끓으면 넣어 5분 정도 찜을 한다.
⑩ 적당히 익은 호박을 그릇에 담고 황·백지단, 비늘잣, 실고추, 석이버섯채 고명을 올린 다음 국물을 담아 겨자장을 곁들인다.

채소튀김

채소 튀김은 고구마, 단호박, 깻잎 등을 넣어 박력분 반죽에 바삭하게 튀겨낸 요리이다. 누구에게나 요긴한 간식이며 안주로도 쓰이기도 하며, 채소를 안 먹던 아이들이 먼저 찾는 음식이다.

재료 및 분량

- 단호박(길이로 등분할 것) ········· 100g
- 고구마(원형을 살려 등분할 것) 100g
- 깻잎 ································· 3장
- 밀가루(박력분) ···················· 100g
- 달걀 ································· 1개
- 식용유 ···························· 500ml
- 진간장 ····························· 10ml
- 백설탕 ······························· 5g
- 식초 ································ 10ml
- 잣 ·································· 2알
- A4용지 ······························· 1장
- 키친타올(종이, 주방용 소-18×20cm) ········· 2장

만|드|는|법

① 깻잎은 깨끗이 씻어 찬물에 담가 둔다.
② 고구마도 씻어 0.3cm 두께 원형으로 3개를 썰어 찬물에 담가 전분기를 제거한다.
③ 단호박은 씨와 속을 도려내고 깨끗이 씻어 길이로 0.3cm 두께로 3개 썬다.
④ 깻잎과 고구마의 수분을 제거하고 단호박과 함께 밀가루를 묻힌다.
⑤ 볼에 물과 달걀을 넣고 푼 다음 체에 친 밀가루를 섞어서 튀김 반죽을 한다.
⑥ ④의 재료에 튀김 반죽을 입혀 160~170℃의 기름에 각각 3개씩 튀겨낸 다음 키친타올에 올려 기름을 제거한다.
⑦ 접시에 고구마, 단호박, 깻잎을 담고 간장, 설탕, 식초를 섞은 초간장에 잣가루를 뿌려 곁들여 낸다.

오이숙장아찌

오이숙장아찌는 오이를 막대 모양으로 썰어 소금에 절였다가 물기를 짜서 양념한 소고기, 표고버섯과 함께 볶은 음식으로 「오이숙장과」 또는 「오이 갑장과」라고도 한다. 숙장과(熟醬瓜)란 불로 익혀 만든 장아찌란 의미를 가지고 있다.

재료 및 분량

- 오이(가늘고 곧은 것) ······ 1/2개
- 소고기(살코기) ············· 30g
- 건표고버섯 ···················· 1개
- 소금 ······························· 5g
- 식용유 ··························· 30ml
- 실고추 ···························· 1g

[소고기·표고버섯 양념장]
진간장 20ml, 대파(흰 부분4cm) 1토막, 마늘 1쪽, 깨소금 5g, 참기름 5ml, 검은 후추 1g, 백설탕 5g

만|드|는|법

1. 표고버섯 불릴 물(2컵) 올리고 파, 마늘 곱게 다진다.
2. 오이는 소금으로 비벼 깨끗이 씻은 후 길이 5cm, 두께와 폭을 0.5cm로 썰어 소금에 절였다가 물기를 짠다.
3. 뜨거운 물에 표고버섯 불리고 고기 양념장을 만든다.
4. 소고기는 볶을 때 줄어들 것을 감안하여 길이 5cm로, 폭과 두께는 0.3cm가 되도록 채썰어 양념장에 재운다. 불려진 표고버섯은 폭 0.3cm, 길이 4cm로 채썰어 양념장에 재운다.
5. 팬에 식용유를 두른 후 오이를 파랗게 볶아내고, 소고기와 표고버섯도 볶아내어 식힌다.
6. 실고추, 깨소금, 참기름을 넣어 가볍게 버무려서 그릇에 담아낸다.

한식고급요리 187

무숙장아찌

무숙장아찌는 무를 막대모양으로 썰어 간장에 절였다가 짜서 양념한 소고기, 미나리를 함께 볶아 만든 음식으로 「무갑장과」라고도 한다. 갑장과는 장아찌처럼 장에 오랫동안 박아두는 것이 아니고 급하게 만들었다고 하여 붙여진 이름으로 아삭아삭 씹히는 맛이 일품이다.

재료 및 분량

- 무 ······················ 120g
- 미나리 ················ 20g
- 소고기(살코기) ······ 30g
- 진간장 ················ 45ml
- 식용유 ················ 30ml
- 실고추 ················ 1g

[소고기양념장]
진간장 5ml, 대파(흰부분 4cm) 1토막, 마늘 1쪽, 깨소금 5g, 참기름 5ml, 백설탕 5g, 검은 후추 1g

만|드|는|법

① 무는 5cm 길이로 자른 후 두께와 폭을 0.6cm가 되게 썰어 간장에 절인다.
② 미나리는 뿌리와 잎을 제거하여 4cm 길이로 자르고 실고추도 2cm 길이로 썬다.
③ 파, 마늘은 곱게 다져 소고기양념장을 만든다.
④ 절인 무를 건지고 싱거워진 간장을 졸여서 식혀 다시 무를 절인다.
⑤ 소고기는 5cm 길이로 자른 후 두께와 폭이 0.3cm되게 채썰어 양념에 재운다.
⑥ 팬에 식용유를 두르고 소고기를 볶다가 절인 무를 넣어 볶으면서 절였던 간장으로 색과 간을 맞춘다.
⑦ 미나리를 넣고 잠깐 볶은 다음 불을 끄고 실고추, 참기름, 깨소금을 넣어 버무려 그릇에 담아낸다.

보쌈김치

보쌈김치는 개성의 향토음식으로 절여진 배춧잎에 통배추 김치재료와 해물, 배, 밤 등의 산해진미와 갖은 양념을 버무려 잘 싸서 담근 김치로 맛과 영양이 좋다.

재료 및 분량

- 절인배추 ············· 1/6포기
- 무 ························· 50g
- 배 ······················ 1/10개
- 밤 ·························· 1개
- 미나리 ···················· 30g
- 갓(적겨자 대체가능) ······ 20g
- 실파 ······················ 1뿌리
- 낙지다리(1개 정도) ······ 50g
- 생굴 ······················· 20g
- 마늘 ······················· 2쪽
- 생강 ························ 5g
- 석이버섯 ···················· 5g
- 대추 ························ 1개
- 잣 ·························· 5개
- 고춧가루 ··················· 20g
- 소금 ························ 5g
- 새우젓 ····················· 20g

만|드|는|법

① 석이버섯은 불리고 고춧가루 동량의 물을 부어 불린다.
② 배추는 길이가 길고 잎이 넓은 것을 골라 소금물에 절인 다음, 잎 부분은 보자기용으로 남겨두고 줄기부분은 3cm×3cm 크기로 썰어 소금에 절인다.
③ 무는 3cm×3cm×0.3cm 크기로 썰어 소금에 절인다.
④ 배도 무와 같이 썰고 밤은 납작하게 편으로 썰어 소금물에 담근다.
⑤ 미나리·갓·실파는 3cm 길이로 썰고, 마늘·생강은 각각 채썰어 다진 새우젓, 소금, 고춧가루와 함께 섞어 양념을 만든다.
⑥ 부드럽게 불려진 석이버섯은 이끼와 배꼽을 제거한 후 곱게 채썬다.
⑦ 대추는 돌려깍아 씨를 제거하여 곱게 채썰고 잣은 고깔을 뗀다.
⑧ 굴은 소금물에 씻어 물기를 빼고, 낙지는 소금으로 문질러 씻어 3cm 길이로 썬다.
⑨ 무, 배추에 불린 고춧가루, 마늘, 생강, 새우젓을 넣고 버무린 다음 갓, 미나리, 실파, 배, 밤, 낙지, 굴 순으로 넣고 소금으로 간을 맞춘다.
⑩ 보시기에 절인 배춧잎을 깔고 속 버무린 것을 담은 후에 배춧잎의 끝을 바깥쪽으로 모양좋게 접어 넣고 버무린 그릇에 김치국물을 만들어 붓는다. 그리고 고명(석이버섯, 대추채, 잣)을 올린다.

오이소박이

오이소박이는 소금으로 비벼 씻은 오이를 토막내어 칼집을 넣고 소금에 절였다가 소를 채워서 익힌 김치이다. 오이소박이는 젓갈을 사용하지 않아 오이의 독특한 향과 아삭아삭 씹히는 질감이 좋고 맛이 깔끔하여 누구나 좋아하는 음식이다. 오이는 미네랄이 풍부한 채소로 피를 맑게 하는 역할을 하지만 수분이 많고 조직이 연해 오래 저장하기는 어렵다.

재료 및 분량

- 오이(가늘고 곧은 것) ······ 1개
- 부추 ······························ 20g
- 대파(흰부분 4cm) ······ 1토막
- 마늘 ······························ 1쪽
- 생강 ······························ 5g
- 소금 ······························ 15g
- 고춧가루 ························ 10g

만 | 드 | 는 | 법

1. 오이는 소금으로 비벼 깨끗이 씻은 후 6cm 길이로 잘라 양끝을 1cm씩 남기고 열십자로 칼집을 넣는다.
2. 칼집 낸 오이를 미지근한 소금물에 절인다.
3. 고춧가루는 동량의 물을 부어 불린다.
4. 부추는 깨끗이 씻고 다듬어 0.5cm 길이로 잘게 썰고 파, 마늘, 생강은 다져서 고춧가루, 소금을 넣고 소를 만든다.
5. 소금물에 절여진 오이는 물기를 제거하고 칼집 사이에 소를 고루 채워 넣는다.
6. 소를 버무린 그릇에 3큰술 정도의 물을 넣고 소금 간을 하여 김칫국물을 만들어 부추를 거두고 오이 위에 살며시 붓는다.

북어보푸라기

북어 보푸라기는 북어포를 보푸라기로 만들어 간장, 소금, 고춧가루 양념을 사용해서 갈색, 흰색, 붉은색의 삼색이 나도록 무친 마른 반찬이다. 북어 보푸라기는 지방이 적어 담백하고 부드러워 소화가 잘 되고 비린 맛이 없기 때문에 죽상이나 노인식, 이유식 찬으로 적당하다.

재료 및 분량

- 북어포(반을 갈라 말린 껍질이 있는 것) ········ 1마리
- 소금 ······················· 5g
- 진간장 ····················· 5ml
- 고춧가루(고운 것) ······ 10g
- 백설탕 ····················· 10g
- 참기름 ····················· 15ml
- 깨소금 ····················· 5g

만|드|는|법

① 북어포는 머리와 지느러미, 꼬리를 정리한 다음 껍질을 벗긴다.
② 북어포는 강판에 갈아 곱게 한 후 3등분해 놓는다.
③ 1/3의 북어포에 소금, 설탕, 참기름, 깨소금을 넣고 손바닥으로 비벼 보슬보슬하게 무친다.
　1/3의 북어포에 간장, 설탕, 참기름, 깨소금을 넣고 손바닥으로 비벼 보슬보슬하게 무친다.
　1/3의 북어포에 고춧가루, 소금, 설탕, 참기름, 깨소금을 넣고 손바닥으로 비벼 보슬보슬하게 무쳐 3색을 만든다.
④ 삼색의 북어 보푸라기를 한 접시에 보기 좋게 담아낸다.

화전

화전은 찹쌀가루를 익반죽하여 잘 치댄 후, 둥글게 빚어 기름 두른 팬에 지져서 한쪽 면에 대추나 쑥갓, 진달래꽃 등을 붙여 지져낸 떡이다. 봄에는 진달래 화전, 여름에는 황장미잎 화전, 가을에는 황국화전, 겨울에는 쑥갓과 대추 등을 올린 화전을 부친다.

재료 및 분량

- 찹쌀가루(방앗간에서 빻은 것) ·················· 100g
- 소금 ························· 5g
- 대추 ························· 1개
- 쑥갓 ························· 10g
- 식용유 ····················· 10ml
- 백설탕 ······················ 40g

만|드|는|법

① 찹쌀가루는 체에 내려 뜨거운 물로 익반죽하여 충분히 치대서 젖은 면보나 비닐에 감싸둔다.
② 쑥갓은 찬물에 담가 싱싱하게 한 후 떼어 사용한다.
③ 대추는 돌려 깎아 씨를 제거하고 둥글게 말아 얇게 썬다.
④ 반죽을 떼어 지름 5cm, 두께 0.4cm정도로 둥글고 납작하게 모양을 빚어 팬에 식용유를 두르고 지져서 한 면이 익으면 뒤집어 대추와 쑥갓을 붙여 투명하게 익혀낸다.
⑤ 냄비에 설탕(40g)과 물(40ml)을 넣어 중불에서 서서히 끓인 후 양이 반으로 줄때까지 졸여서 시럽을 만든다.
⑥ 접시에 화전을 담고 시럽을 끼얹어 낸다.

매작과

매작과는 밀가루에 소금, 생강즙을 넣고 반죽하여 얇게 밀어 칼집을 넣어 뒤집은 다음, 낮은 온도의 기름에 바삭하게 튀겨 조청이나 시럽에 집청을 한 유밀과이다. 매작과는 '매화나무에 참새가 앉은 듯하다' 하여 매화의 매(梅) 참새의 작(雀)을 써서 매작과라 하며 '매엽과', '타래과' 라고도 한다.

재료 및 분량

- 밀가루(중력분) ············ 50g
- 생강 ····················· 10g
- 소금 ······················ 5g
- 잣 ······················· 5개
- 식용유 ················· 300ml
- A4용지 ··················· 1장

[설탕시럽]
백설탕 40g, 물 40g

만|드|는|법

1. 생강은 껍질을 벗겨 강판에 갈아 즙을 낸다.
2. 밀가루에 소금, 생강즙을 넣어 되직하게 반죽하여 젖은 면보나 비닐에 넣어 숙성시킨다.
3. 잣은 고깔을 떼고 종이 위에서 곱게 다져 고슬고슬한 잣가루를 만든다.
4. 숙성된 반죽을 0.3cm 두께로 넓게 밀어 세로 5cm, 가로 2cm의 직사각형으로 잘라서 내천(川)모양으로 세군데 칼집을 넣은 뒤 가운데 칼집 낸 곳으로 한번 뒤집는다.
5. 팬에 식용유를 붓고 150℃가 되면 매작과를 넣어 모양을 잡아주면서 노릇노릇하게 튀겨낸다.
6. 냄비에 설탕과 물을 동량으로 넣어 중불에서 서서히 끓여 반 정도로 졸인 다음 노릇하게 튀겨 낸 매작과를 넣어 굴린다.
7. 접시에 담고 잣가루를 뿌려낸다.

배숙

배숙은 「배수정과」라고도 하는데 배를 예쁜 모양으로 잘라 통후추를 박아, 생강 우린 물에 설탕이나 꿀을 넣어 끓여 차게 먹는 화채이다. 배는 변비치료, 이뇨작용, 기침이나 천식, 숙취 해소에 효과가 있다하여 민간에서 주로 쓰이며 고기요리에 사용하면 연육제 역할 뿐 아니라 소화흡수에도 도움이 되는 것으로 알려져 있다.

재료 및 분량

- 배 ·················· 1/4개
- 통후추 ············· 15개
- 생강 ··············· 30g
- 황설탕 ············ 30g
- 백설탕 ············ 20g
- 잣 ··················· 3개

만|드|는|법

① 생강은 껍질을 벗겨 얇게 썰어서 3컵의 물을 붓고 끓여, 생강 맛이 진하게 우러나면 면보에 걸러 국물을 만든다.
② 배는 3~4등분하여 껍질을 벗기고 씨를 반듯하게 제거한 후 모서리의 각진 부분을 다듬는다.
③ 배의 등쪽에 통후추를 3개씩 깊숙이 박고 갈변 예방을 위해 설탕물에 담근다.
④ 생강물에 황설탕과 백설탕을 넣어 녹인 후, 배를 넣어 은은한 불에서 서서히 끓인다.
⑤ 배가 투명하게 익으면 배는 그릇에 담고 국물은 차게 식힌다.
⑥ 차게 식힌 국물을 살며시 붓고 고깔을 떼어낸 잣을 띄어낸다.

조리기능장이 전하는
한식 조리

2022년 4월 30일 개정7판 발행

조리기능장 공저

발행처 : 도서출판 미림원
발행인 : 김정태
서울시 광진구 자양번영로 6길 15
전 화 : 02) 2244-4266
팩 스 : 02) 446-4288

등록번호 : 제 2007-36호

정가 22,000원

ISBN 978-89-94204-61-1

* 이 책의 내용을 출판사의 서면동의 없이
  무단전재·복제를 금합니다.

부록 - 손안에 시험장 공개문제

01 비빔밥

요구사항
가. 채소, 소고기, 황·백지단의 크기는 0.3cm x 0.3cm x 5cm로 써시오.
나. 호박은 돌려깎기하여 0.3cm x 0.3cm x 5cm로 써시오.
다. 청포묵의 크기는 0.5cm x 0.5cm x 5cm로 써시오.
라. 소고기는 고추장 볶음과 고명에 사용하시오.
마. 담은 밥 위에 준비된 재료들을 색 맞추어 돌려 담으시오.
바. 볶은 고추장은 완성된 밥 위에 얹어 내시오.

02 콩나물밥

요구사항
가. 콩나물은 꼬리를 다듬고 소고기는 채썰어 간장양념을 하시오.
나. 밥을 지어 전량 제출하시오.

03 장국죽

요구사항
가. 불린 쌀을 반정도로 싸라기를 만들어 죽을 쑤시오.
나. 소고기는 다지고 불린 표고는 3cm 정도의 길이로 채 써시오.

04 완자탕

요구사항
가. 완자는 직경 3cm정도로 6개를 만들고, 국 국물의 양은 200mL 정도 제출하시오.
나. 달걀은 지단과 완자용으로 사용하시오.
다. 고명으로 황·백지단(마름모꼴)을 각 2개씩 띄우시오.

01 비빔밥

지급재료목록

번호	재료명	규격	단위	수량	비고
1	쌀	30분정도 물에 불린 쌀	g	150	
2	애호박	중(길이 6cm)	g	60	
3	도라지	찢은 것	g	20	
4	고사리	불린 것	g	30	
5	청포묵	중(길이 6cm)	g	40	
6	소고기	살코기	g	30	
7	달걀		개	1	
8	건다시마	5 × 5cm	장	1	
9	고추장		g	40	
10	식용유		mL	30	
11	대파	흰부분(4cm 정도)	토막	1	
12	마늘	중(깐 것)	쪽	2	
13	진간장		mL	15	
14	백설탕		g	15	
15	깨소금		g	5	
16	검은후춧가루		g	1	
17	참기름		mL	5	
18	소금	정제염	g	10	

02 콩나물밥

지급재료목록

번호	재료명	규격	단위	수량	비고
1	쌀	30분정도 물에 불린 쌀	g	150	
2	콩나물		g	60	
3	소고기	살코기	g	30	
4	대파	흰부분(4cm정도)	토막	1/2	
5	마늘	중(깐 것)	쪽	1	
6	진간장		mL	5	
7	참기름		mL	5	

03 장국죽

지급재료목록

번호	재료명	규격	단위	수량	비고
1	쌀	30분정도 물에 불린 쌀	g	100	
2	소고기	살코기	g	20	
3	건표고버섯	지름 5cm정도, 물에 불린 것	개	1	부서지지 않은 것
4	대파	흰부분(4cm정도)	토막	1	
5	마늘	중(깐 것)	쪽	1	
6	진간장		mL	10	
7	깨소금		g	5	
8	검은후춧가루		g	1	
9	참기름		mL	10	
10	국간장		mL	10	

04 완자탕

지급재료목록

번호	재료명	규격	단위	수량	비고
1	소고기	살코기	g	50	
2	소고기	사태부위	g	20	
3	달걀		개	1	
4	대파	흰부분(4cm 정도)	토막	1/2	
5	밀가루	중력분	g	10	
6	마늘	중(깐 것)	쪽	2	
7	식용유		mL	20	
8	소금	정제염	g	10	
9	검은후춧가루		g	2	
10	두부		g	15	
11	키친타올(종이)	주방용(소 18X20cm)	장	1	
12	국간장		mL	5	
13	참기름		mL	5	
14	깨소금		g	5	
15	백설탕		g	5	

05 생선찌개

30분

요구사항
- 가. 생선은 4~5cm 정도의 토막으로 자르시오.
- 나. 무, 두부는 2.5cm x 3.5cm x 0.8cm로 써시오.
- 다. 호박은 0.5cm 반달형, 고추는 통 어슷썰기, 쑥갓과 파는 4cm로 써시오.
- 라. 고추장, 고춧가루를 사용하여 만드시오.
- 마. 각 재료는 익는 순서에 따라 조리하고, 생선살이 부서지지 않도록 하시오.
- 바. 생선머리를 포함하여 전량 제출하시오.

06 두부젓국찌개

20분

요구사항
- 가. 두부는 2cm x 3cm x 1cm로 써시오.
- 나. 홍고추는 0.5cm x 3cm, 실파는 3cm 길이로 써시오.
- 다. 간은 소금과 새우젓으로 하고, 국물을 맑게 만드시오.
- 라. 찌개의 국물은 200mL 이상 제출하시오.

07 생선전

25분

요구사항
- 가. 생선전은 0.5cm x 5cm x 4cm로 만드시오.
- 나. 달걀은 흰자, 노른자를 혼합하여 사용하시오.
- 다. 생선전은 8개 제출하시오.

08 육원전

20분

요구사항
- 가. 육원전은 지름 4cm, 두께 0.7cm 정도가 되도록 하시오.
- 나. 달걀은 흰자, 노른자를 혼합하여 사용하시오.
- 다. 육원전은 6개를 제출하시오.

05 생선찌개

지급재료목록

번호	재료명	규격	단위	수량	비고
1	동태	300g 정도	마리	1	
2	무		g	60	
3	애호박		g	30	
4	두부		g	60	
5	풋고추	길이 5cm 이상	개	1	
6	홍고추(생)		개	1	
7	쑥갓		g	10	
8	마늘	중(깐 것)	쪽	2	
9	생강		g	10	
10	실파		g	40	2뿌리
11	고추장		g	30	
12	소금	정제염	g	10	
13	고춧가루		g	10	

06 두부젓국찌개

지급재료목록

번호	재료명	규격	단위	수량	비고
1	두부		g	100	
2	생굴	껍질 벗긴 것	g	30	
3	실파		g	20	1뿌리
4	홍고추(생)		개	1/2	
5	새우젓		g	10	
6	마늘	중(깐 것)	쪽	1	
7	참기름		mL	5	
8	소금	정제염	g	5	

07 생선전

지급재료목록

번호	재료명	규격	단위	수량	비고
1	동태	400g정도	마리	1	
2	밀가루	중력분	g	30	
3	달걀		개	1	
4	소금	정제염	g	10	
5	흰후춧가루		g	2	
6	식용유		mL	50	

08 육원전

지급재료목록

번호	재료명	규격	단위	수량	비고
1	소고기	살코기	g	70	
2	두부		g	30	
3	밀가루	중력분	g	20	
4	달걀		개	1	
5	대파	흰부분(4cm정도)	토막	1	
6	검은후춧가루		g	2	
7	참기름		mL	5	
8	소금	정제염	g	5	
9	마늘	중(깐 것)	쪽	1	
10	식용유		mL	30	
11	깨소금		g	5	
12	백설탕		g	5	

09 풋고추전

25분

요구사항
가. 풋고추는 5cm 길이로, 소를 넣어 지져 내시오.
나. 풋고추는 잘라 데쳐서 사용하며, 완성된 풋고추전은 8개를 제출하시오.

10 표고전

20분

요구사항
가. 표고버섯과 속은 각각 양념하여 사용하시오.
나. 표고전은 5개를 제출하시오.

11 섭산적

30분

요구사항
가. 고기와 두부의 비율을 3 : 1 정도로 하시오.
나. 다져서 양념한 소고기는 크게 반대기를 지어 석쇠에 구우시오.
다. 완성된 섭산적은 0.7cm x 2cm x 2cm로 9개 이상 제출하시오.

12 화양적

35분

요구사항
가. 화양적은 0.6cm x 6cm x 6cm로 만드시오.
나. 달걀노른자로 지단을 만들어 사용하시오.
　(단, 달걀흰자 지단을 사용하는 경우 오작 처리)
다. 화양적은 2꼬치를 만들고 잣가루를 고명으로 얹으시오.

10 표고전

지급재료목록

번호	재료명	규격	단위	수량	비고
1	건표고버섯	지름 2.5~4cm정도	개	5	부서지지 않은 것을 불려서 지급
2	소고기	살코기	g	30	
3	두부		g	15	
4	밀가루	중력분	g	20	
5	달걀		개	1	
6	대파	흰부분(4cm정도)	토막	1	
7	검은후춧가루		g	1	
8	참기름		mL	5	
9	소금	정제염	g	5	
10	깨소금		g	5	
11	마늘	중(깐 것)	쪽	1	
12	식용유		mL	20	
13	진간장		mL	5	
14	백설탕		g	5	
15					
16					
17					
18					

09 풋고추전

지급재료목록

번호	재료명	규격	단위	수량	비고
1	풋고추	길이 11cm이상	개	2	
2	소고기	살코기	g	30	
3	두부		g	15	
4	밀가루	중력분	g	15	
5	달걀		개	1	
6	대파	흰부분(4cm정도)	토막	1	
7	검은후춧가루		g	1	
8	참기름		mL	5	
9	소금	정제염	g	5	
10	깨소금		g	5	
11	마늘	중(깐 것)	쪽	1	
12	식용유		mL	20	
13	백설탕		g	5	
14					
15					
16					
17					
18					

12 화양적

지급재료목록

번호	재료명	규격	단위	수량	비고
1	소고기	살코기(길이 7cm정도)	g	50	
2	건표고버섯	지름5cm정도, 물에 불린 것	개	1	부서지지않은 것
3	당근	길이 7cm정도(곧은 것)	g	50	
4	오이	가늘고 곧은 것(20cm정도)	개	1/2	
5	통도라지	껍질 있는 것(길이 20cm)	개	1	
6	산적꼬치	길이 8~9cm정도	개	2	
7	진간장		mL	5	
8	대파	흰부분(4cm정도)	토막	1	
9	마늘	중(깐 것)	쪽	1	
10	소금	정제염	g	5	
11	백설탕		g	5	
12	깨소금		g	5	
13	참기름		mL	5	
14	검은후춧가루		g	2	
15	잣	깐 것	개	10	
16	달걀		개	2	
17	식용유		mL	30	
18					

11 섭산적

지급재료목록

번호	재료명	규격	단위	수량	비고
1	소고기	살코기	g	80	
2	두부		g	30	
3	대파	흰부분(4cm정도)	토막	1	
4	마늘	중(깐 것)	쪽	1	
5	소금	정제염	g	5	
6	백설탕		g	10	
7	깨소금		g	5	
8	참기름		mL	5	
9	검은후춧가루		g	2	
10	잣	깐 것	개	10	
11	A4용지		장	1	
12	식용유		mL	30	
13					
14					
15					
16					
17					
18					

13 지짐누름적

35분

요구사항
가. 각 재료는 0.6cm x 1cm x 6cm로 하시오.
나. 누름적의 수량은 2개를 제출하고, 꼬치는 빼서 제출하시오.

14 너비아니구이

25분

요구사항
가. 완성된 너비아니는 0.5cm x 4cm x 5cm로 하시오.
나. 석쇠를 사용하여 굽고, 6쪽 제출하시오.
다. 잣가루를 고명으로 얹으시오.

15 제육구이

30분

요구사항
가. 완성된 제육은 0.4cm x 4cm x 5cm 정도로 하시오.
나. 고추장 양념하여 석쇠에 구우시오.
다. 제육구이는 전량 제출하시오.

16 생선양념구이

30분

요구사항
가. 생선은 머리와 꼬리를 포함하여 통째로 사용하고 내장은 아가미쪽으로 제거하시오.
나. 유장으로 초벌구이 하고, 고추장 양념으로 석쇠에 구우시오.
다. 생선구이는 머리 왼쪽, 배 앞쪽 방향으로 담아내시오.

14 너비아니구이

지급재료목록

번호	재료명	규격	단위	수량	비고
1	소고기	안심 또는 등심	g	100	덩어리로
2	진간장		mL	50	
3	대파	흰부분(4cm정도)	토막	1	
4	마늘	중(깐 것)	쪽	2	
5	검은후춧가루		g	2	
6	백설탕		g	10	
7	깨소금		g	5	
8	참기름		mL	10	
9	배		개	1/8	50g정도 지급
10	식용유		mL	10	
11	잣	깐 것	개	5	
12					
13					
14					
15					
16					
17					
18					

13 지짐누름적

지급재료목록

번호	재료명	규격	단위	수량	비고
1	소고기	살코기(길이7cm)	g	50	
2	건표고버섯	지름 5cm정도, 물에 불린 것	개	1	부서지지 않은 것
3	당근	길이 7cm정도(곧은것)	g	50	
4	쪽파	중	뿌리	2	
5	통도라지	껍질 있는것, 길이 20cm정도	개	1	
6	밀가루	중력분	g	20	
7	달걀		개	1	
8	참기름		mL	5	
9	산적꼬치	길이 8-9cm정도	개	2	
10	식용유		mL	30	
11	소금	정제염	g	5	
12	진간장		mL	10	
13	백설탕		g	5	
14	대파	흰부분(4cm정도)	토막	1	
15	마늘	중(깐 것)	쪽	1	
16	검은후춧가루		g	2	
17	깨소금		g	5	
18					

16 생선양념구이

지급재료목록

번호	재료명	규격	단위	수량	비고
1	조기	100~200g정도	마리	1	
2	진간장		mL	20	
3	대파	흰부분(4cm정도)	토막	1	
4	마늘	중(깐 것)	쪽	1	
5	고추장		g	40	
6	백설탕		g	5	
7	깨소금		g	5	
8	참기름		mL	5	
9	소금	정제염	g	20	
10	검은후춧가루		g	2	
11	식용유		mL	10	
12					
13					
14					
15					
16					
17					
18					

15 제육구이

지급재료목록

번호	재료명	규격	단위	수량	비고
1	돼지고기	등심 또는 볼깃살	g	150	
2	고추장		g	40	
3	진간장		mL	10	
4	대파	흰부분(4cm정도)	토막	1	
5	마늘	중(깐 것)	쪽	2	
6	검은후춧가루		g	2	
7	백설탕		g	15	
8	깨소금		g	5	
9	참기름		mL	5	
10	생강		g	10	
11	식용유		mL	10	
12					
13					
14					
15					
16					
17					
18					

17 북어구이

 20분

요구사항
가. 구워진 북어의 길이는 5cm로 하시오.
나. 유장으로 초벌구이 하고, 고추장 양념으로 석쇠에 구우시오.
다. 완성품은 3개를 제출하시오.
 (단, 세로로 잘라 3/6토막 제출할 경우 수량부족으로 미완성 처리)

18 더덕구이

 30분

요구사항
가. 더덕은 껍질을 벗겨 사용하시오.
나. 유장으로 초벌구이 하고, 고추장 양념으로 석쇠에 구우시오.
다. 완성품은 전량 제출하시오.

19 두부조림

 25분

요구사항
가. 두부는 0.8cm x 3cm x 4.5cm로 써시오.
나. 8쪽을 제출하고, 촉촉하게 보이도록 국물을 약간 끼얹어 내시오.
다. 실고추와 파채를 고명으로 얹으시오.

20 홍합초

 20분

요구사항
가. 마늘과 생강은 편으로, 파는 2cm로 써시오.
나. 홍합은 전량 사용하고, 촉촉하게 보이도록 국물을 끼얹어 제출하시오.
다. 잣가루를 고명으로 얹으시오.

18 더덕구이

지급재료목록

번호	재료명	규격	단위	수량	비고
1	통더덕	껍질있는것, 길이 10~15cm정도	개	3	
2	진간장		mL	10	
3	대파	흰부분(4cm정도)	토막	1	
4	마늘	중(깐 것)	쪽	1	
5	고추장		g	30	
6	백설탕		g	5	
7	깨소금		g	5	
8	참기름		mL	10	
9	소금	정제염	g	10	
10	식용유		mL	10	

17 북어구이

지급재료목록

번호	재료명	규격	단위	수량	비고
1	북어포	반을 갈라 말린 껍질이 있는 것(40g)	마리	1	
2	진간장		mL	20	
3	대파	흰부분(4cm정도)	토막	1	
4	마늘	중(깐 것)	쪽	2	
5	고추장		g	40	
6	백설탕		g	10	
7	깨소금		g	5	
8	참기름		mL	15	
9	검은후춧가루		g	2	
10	식용유		mL	10	

20 홍합초

지급재료목록

번호	재료명	규격	단위	수량	비고
1	생홍합		g	100	굵고 싱싱한 것, 껍질 벗긴 것으로 지급
2	대파	흰부분(4cm 정도)	토막	1	
3	검은후춧가루		g	2	
4	참기름		mL	5	
5	마늘	중(깐 것)	쪽	2	
6	진간장		mL	40	
7	생강		g	15	
8	백설탕		쪽	10	
9	잣	깐 것	개	5	

19 두부조림

지급재료목록

번호	재료명	규격	단위	수량	비고
1	두부		g	200	
2	대파	흰부분(4cm정도)	토막	1	
3	실고추		g	1	길이 10cm 1-2줄기
4	검은후춧가루		g	1	
5	참기름		mL	5	
6	소금	정제염	g	5	
7	마늘	중(깐 것)	쪽	1	
8	식용유		mL	30	
9	진간장		mL	15	
10	깨소금		g	5	
11	백설탕		g	5	

21 오징어볶음

30분

요구사항
가. 오징어는 0.3cm 폭으로 어슷하게 칼집을 넣고, 크기는 4cm × 1.5cm 정도로 써시오.
　　(단, 오징어 다리는 4cm 길이로 자른다.)
나. 고추, 파는 어슷썰기, 양파는 폭 1cm로 써시오.

22 무생채

15분

요구사항
가. 무는 0.2cm × 0.2cm × 6cm 정도 크기로 썰어 사용하시오.
나. 생채는 고춧가루를 사용하시오.
다. 무생채는 70g 이상 제출하시오.

23 더덕생채

20분

요구사항
가. 더덕은 5cm로 썰어 두들겨 편 후 찢어서 쓴맛을 제거하여 사용하시오.
나. 고춧가루로 양념하고, 전량 제출하시오.

24 도라지생채

15분

요구사항
가. 도라지는 0.3cm × 0.3cm × 6cm로 써시오.
나. 생채는 고추장과 고춧가루 양념으로 무쳐 제출하시오.

22 무생채

지급재료목록

번호	재료명	규격	단위	수량	비고
1	무		g	100	길이 7cm정도
2	소금	정제염	g	5	
3	고춧가루		g	10	
4	백설탕		g	10	
5	식초		mL	5	
6	대파	흰부분(4cm 정도)	토막	1	
7	마늘	중(깐 것)	쪽	1	
8	깨소금		g	5	
9	생강		g	5	

21 오징어볶음

지급재료목록

번호	재료명	규격	단위	수량	비고
1	물오징어	250g정도	마리	1	
2	소금	정제염	g	5	
3	진간장		mL	10	
4	백설탕		g	20	
5	참기름		mL	10	
6	깨소금		g	5	
7	풋고추	길이 5cm이상	개	1	
8	홍고추(생)		개	1	
9	양파	중(150g정도)	개	1/3	
10	마늘	중(깐 것)	쪽	2	
11	대파	흰부분(4cm정도)	토막	1	
12	생강		g	5	
13	고춧가루		g	15	
14	고추장		g	50	
15	검은후춧가루		g	2	
16	식용유		mL	30	

24 도라지생채

지급재료목록

번호	재료명	규격	단위	수량	비고
1	통도라지	껍질 있는 것	개	3	
2	소금	정제염	g	5	
3	고추장		g	20	
4	백설탕		g	10	
5	식초		mL	15	
6	대파	흰부분(4cm 정도)	토막	1	
7	마늘	중(깐 것)	쪽	1	
8	깨소금		g	5	
9	고춧가루		g	10	

23 더덕생채

지급재료목록

번호	재료명	규격	단위	수량	비고
1	통더덕	껍질 있는 것, 길이 10~15cm정도	개	2	
2	마늘	중(깐 것)	쪽	1	
3	백설탕		g	5	
4	식초		mL	5	
5	대파		토막	1	
6	소금	흰부분(4cm정도)	g	5	
7	깨소금	정제염	g	5	
8	고춧가루		g	20	

25 겨자채

35분

요구사항
가. 채소, 편육, 황·백지단, 배는 0.3cm x 1cm x 4cm로 써시오.
나. 밤은 모양대로 납작하게 써시오.
다. 겨자는 발효시켜 매운맛이 나도록 하여 간을 맞춘 후 재료를 무쳐서 담고, 잣은 고명으로 올리시오.

26 칠절판

40분

요구사항
가. 밀전병은 직경 8cm 되도록 6개를 만드시오.
나. 채소와 황·백지단, 소고기는 0.2cm x 0.2cm x 5cm 정도로 써시오.
다. 석이버섯은 곱게 채를 써시오.

27 탕평채

35분

요구사항
가. 청포묵은 0.4cm x 0.4cm x 6cm로 썰어 데쳐서 사용하시오.
나. 모든 부재료의 길이는 4~5cm로 써시오.
다. 소고기, 미나리, 거두절미한 숙주는 각각 조리하여 청포묵과 함께 초간장으로 무쳐 담아내시오.
라. 황·백지단은 4cm 길이로 채썰고, 김은 구워 부셔서 고명으로 얹으시오.

28 잡채

35분

요구사항
가. 소고기, 양파, 오이, 당근, 도라지, 표고버섯은 0.3cm x 0.3cm x 6cm 정도로 썰어 사용하시오.
나. 숙주는 데치고 목이버섯은 찢어서 사용하시오.
다. 당면은 삶아서 유장처리하여 볶으시오.
라. 황·백지단은 0.2cm x 0.2cm x 4cm로 썰어 고명으로 얹으시오.

26 칠절판

지급재료목록

번호	재료명	규격	단위	수량	비고
1	소고기	살코기	g	50	길이 6cm
2	오이	가늘고 곧은 것(20cm정도)	개	1/2	
3	당근	길이7cm정도(곧은 것)	g	50	
4	달걀		개	1	
5	석이버섯	부서지지 않은 것(마른 것)	g	5	
6	밀가루	중력분	g	50	
7	진간장		mL	20	
8	마늘	중(깐 것)	쪽	2	
9	대파	흰부분(4cm 정도)	토막	1	
10	검은후춧가루		g	1	
11	참기름		mL	10	
12	백설탕		g	10	
13	깨소금		g	5	
14	식용유		mL	30	
15	소금	정제염	g	10	

25 겨자채

지급재료목록

번호	재료명	규격	단위	수량	비고
1	양배추		g	50	길이 5cm
2	오이	가늘고 곧은 것(20cm정도)	개	1/3	
3	당근	길이 7cm정도(곧은 것)	g	50	
4	소고기	살코기	g	50	길이 5cm
5	밤	중(생 것), 껍질 깐 것	개	2	
6	달걀		개	1	
7	배	중(길이로 등분)	개	1/8	50g정도 지급
8	백설탕		g	20	
9	잣	깐 것	개	5	
10	소금	정제염	g	5	
11	식초		mL	10	
12	진간장		mL	5	
13	겨자가루		g	6	
14	식용유		mL	10	

28 잡채

지급재료목록

번호	재료명	규격	단위	수량	비고
1	당면		g	20	
2	소고기	살코기	g	30	길이 7cm
3	건표고버섯	지름5cm정도, 물에 불린 것	개	1	부서지지 않은 것
4	건목이버섯	지름5cm정도, 물에 불린 것	개	2	
5	양파	중(150g정도)	개	1/3	
6	오이	가늘고 곧은 것(20cm정도)	개	1/3	
7	당근	길이 7cm정도(곧은 것)	g	50	
8	통도라지	껍질 있는 것, 길이20cm정도	개	1	
9	숙주	생 것	g	20	
10	백설탕		g	10	
11	대파	흰부분(4cm정도)	토막	1	
12	마늘	중(깐 것)	쪽	2	
13	진간장		mL	20	
14	식용유		mL	50	
15	깨소금		g	5	
16	검은후춧가루		g	1	
17	참기름	정제염	mL	5	
18	소금		g	15	
19	달걀		개	1	

27 탕평채

지급재료목록

번호	재료명	규격	단위	수량	비고
1	청포묵	중(길이 6cm)	g	150	
2	소고기	살코기	g	20	길이 5cm
3	숙주	생 것	g	20	
4	미나리	줄기 부분	g	10	
5	달걀		개	1	
6	김		장	1/4	
7	진간장		mL	20	
8	마늘	중(깐 것)	쪽	2	
9	대파	흰부분(4cm정도)	토막	1	
10	검은후춧가루		g	1	
11	참기름		mL	5	
12	백설탕		g	5	
13	깨소금		g	5	
14	식초		mL	5	
15	소금	정제염	g	5	
16	식용유		mL	10	

29 미나리강회

35분

요구사항
가. 강회의 폭은 1.5cm, 길이는 5cm 정도로 하시오.
나. 붉은 고추의 폭은 0.5cm, 길이는 4cm 정도로 하시오.
다. 강회는 8개 만들어 초고추장과 함께 제출하시오.

30 육회

20분

요구사항
가. 소고기는 0.3cm x 0.3cm x 6cm로 썰어 소금 양념으로 하시오.
나. 마늘은 편으로 썰어 장식하고 잣가루를 고명으로 얹으시오.
다. 소고기는 손질하여 전량 사용하시오.

31 재료썰기

25분

요구사항
가. 무, 오이, 당근, 달걀지단을 썰기 하여 전량 제출하시오.
나. 무는 채썰기, 오이는 돌려깎기하여 채썰기, 당근은 골패썰기를 하시오.
다. 달걀은 흰자와 노른자를 분리하여 알끈과 거품을 제거하고 지단을 부쳐 완자
　　(마름모꼴)모양으로 각 10개를 썰고, 나머지는 채썰기를 하시오.
라. 재료 썰기의 크기는 다음과 같이 하시오.
　　1) 채썰기 - 0.2cm x 0.2cm x 5cm　　2) 골패썰기 - 0.2cm x 1.5cm x 5cm
　　3) 마름모형 썰기 - 한 면의 길이가 1.5cm

30 육회

지급재료목록

번호	재료명	규격	단위	수량	비고
1	소고기	살코기	g	90	
2	배	중	개	1/4	100g 정도 지급
3	잣	깐 것	개	5	
4	소금	정제염	g	5	
5	마늘	중(깐 것)	쪽	3	
6	대파	흰부분(4cm 정도)	토막	2	
7	검은후춧가루		g	2	
8	참기름		mL	10	
9	백설탕		g	30	
10	깨소금		g	5	
11					
12					
13					
14					
15					
16					
17					
18					

29 미나리강회

지급재료목록

번호	재료명	규격	단위	수량	비고
1	소고기	살코기(길이 7cm)	g	80	
2	미나리	줄기부분	g	30	
3	홍고추(생)		개	1	
4	달걀		개	2	
5	고추장		g	15	
6	식초		mL	5	
7	백설탕		g	5	
8	소금	정제염	g	5	
9	식용유		mL	10	
10					
11					
12					
13					
14					
15					
16					
17					
18					

31 재료썰기

지급재료목록

번호	재료명	규격	단위	수량	비고
1	무		g	100	
2	오이	길이 25cm정도	개	1/2	
3	당근	길이 6cm정도	토막	1	
4	달걀		개	3	
5	식용유		mL	20	
6	소금		g	10	
7					
8					
9					
10					
11					
12					
13					
14					
15					
16					
17					
18